The Radio Our Family Listened To – 1978

1978, 우리 가족의 라디오

서울생활사박물관
Seoul Urban Life Museum

전시를 만든 사람들

전시총괄	송인호　박현욱
전시기획	박상빈　홍현도
전시도록	황혜전
전시진행	박혜림　강성신　이샛별
자료조사	최중호　조경은
전시보조	고은영　김나경　조재은　최영지　박성주
도록원고	한진만
전시자문	장유정　한진만
원고녹음	황인용　양희은　서경석
유물출납	이현진　김동민
유물촬영	최인호　박효진
	김광섭(K-ART 스튜디오)
보존환경	신장하　이주현
행정지원	주윤극　박경희　한강일　권윤택
시설지원	채종철　정재호
영상지원	이준의
전시공사	(주)새로움아이
전시그래픽	(주)모노그램
도록제작	가을기획
영상제작	김혁진
소품연출	(주)딱다구리
번역	한국동시통역연구소
유물운송	한솔BBK
유물대여	KBS　안명진　한국야구위원회　신문박물관
자료제공	국가기록원　동아일보　한국정책방송원　MBC　KBS

일러두기

1. 이 책은 서울생활사박물관의 기획전시 '1978, 우리 가족의 라디오'(2020. 6. 16 ~ 10. 4)의 전시도록이다.

2. 도록에 수록된 유물은 유물 이름, 제작 시기, 크기, 작가, 소장처, 기증자 순으로 표기하였다.
   소장처를 별도로 표기하지 않은 유물은 서울역사박물관과 서울생활사박물관 소장품이다.

3. 유물 크기는 '세로×가로(×높이)cm'를 원칙으로 하였으며, 그 외 필요한 경우에는 별도 표기하였다.

4. 본문 가운데 라디오 프로그램 명칭은 ' '로 하며, 인용문은 " "로 표시하였다.

5. 서울역사박물관 소장 유물 사진은 서울역사박물관에 저작권이 있으며, 그 외 사진은 각 소장처에 저작권이 있다.

차 례

전시를 열며

1927년 2월 16일 우리나라의 첫 라디오 전파가 정동의 경성방송국에서 발신되었습니다. 광복과 미군정기의 미국식 방송을 거쳐, 경성방송국은 서울중앙방송국KBS의 이름으로 국영화되었습니다. 1954년 기독교방송CBS을 시작으로 1960년대에 문화방송MBC, 동아방송DBS, 라디오 서울RSB, 이후 동양방송이 차례로 개국합니다. 국영방송과 민영방송의 뉴스와 방송드라마, DJ 음악방송과 같은 프로그램이 전파를 타고 시민들의 일상과 함께 했습니다.

1960년대에 국산 라디오가 생산되면서, 라디오는 각 가정의 필수 가전제품으로 자리잡습니다. 그 시절 라디오는 시민들이 세상의 소식을 듣는 통로이자, 가족들이 즐기는 대중 문화매체였습니다. 1978년 서울, 어느 한 가족의 라디오문화를 전시합니다. 가족 한 사람, 한 사람의 마음과 표정을 그려보면서, 라디오 시대의 서울 소리를 들어보십시오.

2020년 유월

서울역사박물관장 송인호

展览介绍

1927年2月16日, 韩国的第一道无线广播电波在贞洞京城广播局播出。历经光复和美国军政时期的美国式广播, 京城广播局以首尔中央广播局(KBS)之名改为国营广播电台。从1954年CBS(基督教广播)开始, 到60年代的文化广播(MBC)、东亚广播(DBS)、无线广播首尔(RSB), 再到后来的东洋广播依次开播。国营广播和民营广播的新闻和广播连续剧、DJ(disc jockey, 音乐节目主持人)音乐广播等节目随着电波与市民的日常生活与时俱进。

20世纪60年代, 随着韩国国产收音机的问世, 收音机已成为家家户户的必需家电产品。在那个年代, 无线广播是市民听取世界消息的通道, 也是家人们喜欢的大众文化媒体。我馆展览1978年首尔某一家庭的无线广播文化。试着描绘这个家庭每个人的心情和表情, 听听无线广播收音机时代的首尔之声。

2020年 6月

首尔历史博物馆长 宋 寅 豪

Welcome to the Exhibition

On February 16, 1927, amidst Japanese colonial rule (1910-1945), Korea's first radio broadcast was transmitted from the Gyeongseong Broadcasting Station in Jeongdong. During the post-colonial transition period (1945-1948) overseen by the U.S. Army, the American broadcasting system was adopted, and the Gyeongseong Broadcasting Station was nationalized and renamed the Seoul Central Broadcasting Station. Other broadcasting stations opened, beginning with CBS in 1954, followed by MBC, DBS, and RSB (later renamed TBC) in the 1960s. News, dramas, and DJ music programs were broadcast from both state and private broadcasting stations and became part of people's everyday lives.

After Korea began to manufacture radios domestically in the 1960s, they became an essential electronic appliance in every home. The radio was how news reached people, the source of popular culture for the entire family. The Seoul Museum of History presents the culture of radio by a family in Seoul in 1978. We hope you can imagine the heart and expression of each family member and listen to the sound of Seoul from the era of radio.

June 2020

Director, Seoul Museum of History Song In-ho

展示開催の ご挨拶

1927年2月16日、韓国初のラジオ電波が貞洞(チョンドン)の京城(キョンソン)放送局から発信されました。独立と米軍統治時代のアメリカ式の放送を経て、京城放送局はソウル中央放送局KBSに改称して国営放送局になりました。そして、1954年にCBS基督教放送が開局したのを皮切りに、1960年代には文化放送MBC、東亞放送DBS、ラジオソウルRSB、東洋放送が次々と開局しました。国営放送と民営放送から流れるニュースやラジオドラマ、DJ音楽番組などが電波に乗って市民の日常生活の中に浸透しました。

1960年代には韓国産のラジオが生産され、ラジオは各家庭の必需家電品として位置付けられました。その当時ラジオは、ソウルの人々が世間の出来事や知らせを聞く通路であり、家族で楽しめる大衆文化メディアでした。1978年のソウルのある家庭のラジオ文化を展示します。家族一人一人の心や表情を描いてみながら、ラジオ時代のソウルの音に耳を傾けてみませんか。

2020年 6月

そうる歴史博物館館長 ソン・インホ

"오늘도 안전하십니까?
푸른 신호등 서유석입니다."

"**밤 하늘의 멜로디.**
안녕하세요 여러분.
배한성입니다."

"이수만의 **일레븐 팝스.**
건강하셨습니까?"

"안녕하세요.
밤의 다이얼 고영수.
8시와 함께
어김없이 찾아왔네요."

"비오는 날을 좋아하십니까?
비가 내리고 있습니다.
안녕하세요.
황인용, 강부자입니다."

"안녕하세요.
매일 오후 1시에
여러분 곁을 찾아 뵙고 있습니다.
가요앨범의 이미숙입니다."

"탑, 탑튠, **탑튠쇼!**
안녕하세요.
3시 여러분을 뵙는
김광한입니다."

"이종환의 **밤의 디스크쇼**에
여러분을 초대합니다."

라디오방송의
탄생과 변화

우리나라 최초의 라디오방송은 1927년 경성방송국에서 시작되었다. 경성방송은 보도·교양·오락 프로그램 등으로 구성되었고, 이후 1940년대에 들어서는 일제에 의해 국민 동원과 전쟁을 위한 선전도구로 변모하였다. 광복 후 경성방송은 서울중앙방송KBS으로 명칭을 바꿨으며, 미군정기를 거치면서 미국의 방송시스템을 도입하였다. 당시 도입된 대표적인 시스템으로는 정시방송과 편성체제가 있었다.

1948년 서울중앙방송KBS은 공보처에 귀속되어 국영방송이 되었으며, 이에 따라 반공 의식을 고취하고 정부 시책을 홍보하기 시작하였다. 1954년 기독교방송CBS을 시작으로 문화방송MBC, 1961년, 동아방송DBS, 1963년, 라디오 서울RSB, 1964년 이후 TBC로 변화등 민영방송국들이 차례대로 개국하였다. 당시 민영방송은 오락 프로그램들을 대량 편성하여 청취율 경쟁에 돌입하였다.

1960년대는 TV가 보급되기 이전으로 라디오의 전성시대였다. 라디오 드라마가 인기를 끌었고, DJ 음악방송이 등장하였다. 그 무렵 편성된 '여성살롱MBC, 현재 여성시대', '별이 빛나는 밤에MBC', '밤을 잊은 그대에게TBC' 등의 방송은 현재까지도 방송되고 있다.

1970년대에는 TV가 본격적으로 보급되어 라디오는 속보성을 이용한 뉴스와 생활정보 프로그램, 스포츠 중계, DJ 음악방송을 주로 편성하고, 심야 및 새벽, 정오 무렵을 전략 시간대로 설정하여 생존을 모색하였다.

* DJ는 디스크자키disc jockey의 줄임말로 음반 기기를 조작하는 사람이라는 뜻이다.

Birth and Evolution of Radio Broadcasting

Gyeongseong Broadcasting Station located in the Jeong-dong neighborhood began Korea's first radio broadcasting in 1927 during the Japanese colonial period (1910-1945). After Korea regained independence, the Gyeongseong Broadcasting Station was renamed Seoul Central Broadcasting Station. During the U.S. Military Government in South Korea (1945-1948), the American broadcasting system was adopted.

In 1948, Seoul Central Broadcasting Station became a state broadcasting station, a part of the Office of Public Information. Privately-owned stations started broadcasting in 1954, beginning with CBS, followed by MBC (1961), DBS (1963), and RSB (1964 – later renamed TBC).

The 1960s was the heyday of radio in Korea, prior to the widespread adoption of television. Radio dramas were popular, and DJ music programs were developed. As TVs became common in homes in the 1970s, radio broadcasting fought for its survival by focusing on faster news delivery, general information programs, sports broadcasting, and DJ music shows strategically targeted at the late night, early morning, and midday hours.

无线电广播的诞生与变化

1927年，位于贞洞的京城广播电台开始了韩国最早的无线电广播。光复后，京城广播局更名为首尔中央广播电台，经过美军政时期，就引进了美国的广播系统，具代表性的例子就是定期广播和编制体制。

1948年，首尔中央广播电台归属国家公报处，成为国营广播台。随此开始鼓吹反共意识、宣传政府政策。从1954年以CBS为首，开始了一些民营广播电台，MBC(1961年)、DBS(1963年)、RSB(1964年, 以后改为TBC)依次开播。

20世纪60年代是收音机的鼎盛时期，在电视普及之前，收音机连续剧一直很受欢迎，DJ(disc jockey，音乐节目主持人)音乐节目也开始登场。当时播出的"女性沙龙"(MBC,现在是"女性时代")、"星光闪耀的夜晚"(MBC)、"致忘记夜晚的你"(TBC)等节目至今仍在播出。

20世纪70年代，随着电视的普及，无线电广播强化新闻和生活信息节目、体育转播、DJ音乐广播等，将深夜及凌晨、正午设定为战略时间段，图谋生存。

ラジオ放送の誕生と変化

1927年、貞洞(チョンドン)にある京城(キョンソン)放送局で韓国初のラジオ放送が始まった。独立後、京城放送局はソウル中央放送に改名し、米軍統治時代を経て米国の放送システムを導入することになった。代表的な例として定時放送と編成体制がある。

1948年、ソウル中央放送は公報処に帰属されて国営放送となり、放送を通じて反共意識を高め、政府施策の広報を始めた。

1954年、CBSを皮切りに民放が開局し始め、MBC(1961年)、DBS(1963年)、RSB(1964年、以後TBCになる)が順次開局した。

1960年代はラジオの全盛期だった。テレビが普及するまではラジオドラマが人気を博し、DJ(ディスクジョッキー)が進める音楽番組が登場した。その頃編成された『女性サロン(MBC、現在の'女性時代')』、『星が輝く夜に(MBC)』、『夜を忘れた君へ(TBC)』などの番組は現在も続いている。

テレビが本格的に普及された1970年代のラジオは、速報性を利用したニュースや生活情報番組、スポーツ中継、DJの音楽放送を強化し、深夜や早朝、正午を戦略的な時間帯として設定して生存を模索した。

라이츠 마이크로폰
Reisz Microphone
1927 | 25×18.5×44 | KBS

경성방송국에서 개국부터 1950년대까지 사용하였던 마이크이다.
영국 마르코니사社에서 제작한 것으로
잡음이 많고, 거미줄처럼 생겨 거미줄 마이크로도 불렀다.

경성방송국 이중방송 개시 기념품
Souvenir to Commemorate Bilingual (Korean and Japanese)
Broadcasting at Gyeongseong Broadcasting Station
1933 | 6(지름)×8(높이) | 안명진

이중방송의 개시를 기념하는 내용이 새겨진 기념품이다.

**한국
라디오방송
연표**

1927
2.16.
경성방송국JODK 개국

1933
4.26.
이중방송한국어, 일본어 개시

1942
12.
단파방송 밀청사건

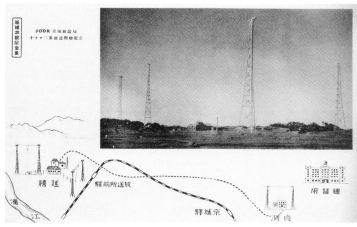

경성방송국 이중방송 개시 기념엽서
Postcard to Commemorate Bilingual
(Korean and Japanese) Broadcasting at
Gyeongseong Broadcasting Station
1933 | 각 9 × 14 | 안명진

경성방송국의 한국어와 일본어 이중방송을
기념하기 위해 제작한 엽서이다.
1927년 개국한 경성방송국은
1933년 이중방송을 위한 출력증강을 위해
연희 방송소를 건설하였다.

1945

1946

1947

8.15.
일본 항복방송

9.15.
미군정청 서울중앙방송국 KBS
접수

10.18.
정시방송제 실시

9.3.
호출부호 HL 배정

런던 올림픽 기행
Reporting the London Olympics
1949 | 18×12.3×1.5

1948년 제14회 런던 올림픽의 중계를 위해
런던에 다녀온 서울중앙방송KBS 민정호 특파원이 쓴 책이다.
런던 올림픽 라디오 중계는 광복 후 최초 해외 중계로
인도를 거쳐 한국으로 송출되었다.

조선방송협회 라디오 청취장
Radio Programming Fee Sign
from the Joseon Broadcasting Association
1926 | 5(지름) | KBS

라디오 청취료를 납부한 집 대문에 부착하는
조선방송협회 라디오 청취장이다.
청취료를 납부하지 않고 라디오를 무단으로 청취할 경우
1년 이하의 징역 또는 1,000원 이하의 벌금을 냈다.

조선방송협회 청취료 영수증
Radio Programming Fee Receipt
from the Joseon Broadcasting Association
1938 | 9.6×8.5(좌), 9.7×7.5(우)

조선방송협회에서 발급한
라디오 청취료 영수증이다.
라디오 청취료는 처음에는 2원이었으나,
1927년 10월부터 1원으로,
1938년에는 75전으로 인하하였다.
라디오 청취료는 1951년에 폐지되었다.

1948   **1951**

7.29.   8.7.   4.3.
제14회 런던 올림픽 중계   대한방송협회 국영화   라디오 청취료 폐지

KBS 남산연주소 전경 1963 | 국가기록원

금성 라디오 A-501
Gold Star Radio A-501
1959 | 18×42×14.3 | KBS

1959년 11월 15일에 금성사社가 출시한
우리나라 최초의 진공관 라디오이다.
일제 진공관과 국산 부품으로 만들어졌으며,
내부에는 5개의 진공관과 5인치 스피커를 장착하였다.

금성사 라디오 생산 공장 모습
1962 | 국가기록원

1959	1961	1963
11.15. 국산 라디오 생산	12.2. 문화방송MBC 개국	4.25. 동아방송DBS 개국

라디오 코리아
Radio Korea

1959 | 18.6×26 | KBS

공보처에서 한국의 라디오를 홍보하기 위해 만든 영문책자이다.
국영서울중앙방송KBS과 민간방송의 소개와 함께 해외로 송출하는
'보이스 오브 프리 코리아Voice of Free Korea'를
소개하는 내용이 실려 있다.

라디오 구매 일부통장
Radio Purchase Layaway Account Record

1961 | 16.8×22.6 | 안명진

라디오를 일부日賦로 구매하기 위한 통장이다.
35,000원짜리 라디오를 구입하기 위해
하루에 500원씩 납부하였다.
뒷면에는 날짜별로 납부를 확인한 표시가 있다.
국산 라디오가 본격적으로 생산되기 전까지
라디오는 고가품이라 일부 또는 월부로 구매하였다.

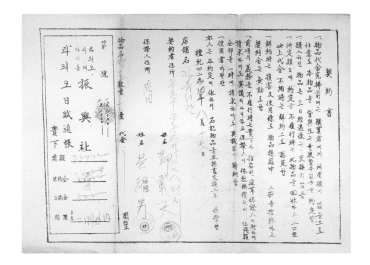

1964

5.9.
라디오 서울RSB, 이후 동양방송 개국

1969

3.17.
문화방송MBC '별이 빛나는 밤에'
방송 시작

1973

3.3.
한국방송공사KBS 창립

1978년
방송국

KBS 한국중앙방송
설 립 일 1927년 2월 16일
호출부호 HLKA
주 파 수 711kHz
위   치 서울시 영등포구 여의도동 18

CBS 기독교방송
설 립 일 1954년 12월 15일
호출부호 HLKY
주 파 수 837kHz
위   치 서울 종로구 연지동 136-46

MBC 문화방송
설 립 일 1961년 12월 2일
호출부호 HLKV
주 파 수 900kHz
위   치 서울 중구 정동 22

DBS 동아방송
설 립 일 1963년 4월 25일
호출부호 HLKJ
주 파 수 792kHz
위   치 서울 종로구 세종로 139

TBC 동양방송
설 립 일 1964년 5월 9일
호출부호 HLKC
주 파 수 639kHz
위   치 서울 중구 서소문동 58-9

개정 서울특별시전도 부분
1974

시보용 표준시계
Standard Clock for Radio Time Signal
1941 | 21×12×17 | KBS

라디오 시보時報에 사용된 표준시계이다.
라디오 시보로 집안의 시계를 맞추기도 하였다.

중계차용 마이크
Microphone for Reporting Vehicle
13×15×25 | KBS

중계차 방송
1958 | 국가기록원

휴대용 릴테이프 녹음기
Portable Reel Tape Recorder

20×34×40 | KBS

라디오 야외 방송 때 사용하는 녹음기이다.
릴테이프 형식으로 음질이 좋아 CD, 카세트 음반의 마스터 테이프로 사용되었다.
2000년대 초반 테이프리스 시스템이 출현하기 전까지 주로 사용되었다.

기관총형 집음기
"Machine Gun" Type Sound Collector
1950년대 | 14×160 | KBS

멀리 있는 소리나 희미한 소리를 모으는 장치로
주로 스포츠 중계에 사용되었다.
기관총 형태부터 나팔, 우산 등 다양한 형태가 있다.

권투 경기방송 실황 1956 | 국가기록원

방송국 휴식시간
1971 | 홍순태 사진

바람소리 음향효과 도구
Wind Sound Effect Equipment
73×86×58 | KBS

라디오 드라마에서 바람소리 효과음을 내는 장치이다.
손잡이를 돌리면 톱니 원통이 천과 마찰하면서 스산한 바람소리를 낸다.

스무고개 키박스
Broadcasting Equipment Used in KBS Radio Quiz Show "Twenty Questions"
1950년대 | 25×35×16 | KBS

대한민국 최초의 라디오 공개방송 퀴즈 프로그램인
'스무고개(1947.8~1961.1)'의 방송 도구이다.
'스무고개'는 미군정기에 미국의 인기 라디오 프로그램을
반영하여 만든 것으로 질문 개수에 따라
17고개까지는 흰색 등이 켜지고 18고개부터는 빨간 등이 켜진다.

방송용 원반 녹음기
Disc Recorder for Broadcasting
1940년대 이전 | 39×52.5×34 | KBS

녹음방송을 위해 LP판을 녹음하는 장치이다.

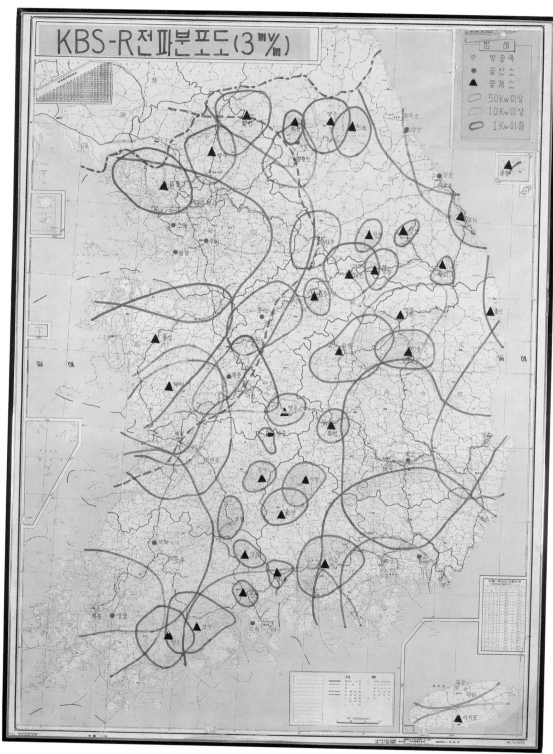

KBS 라디오 전파분포도
KBS Radio Service Map
1977 | 109×78 | KBS

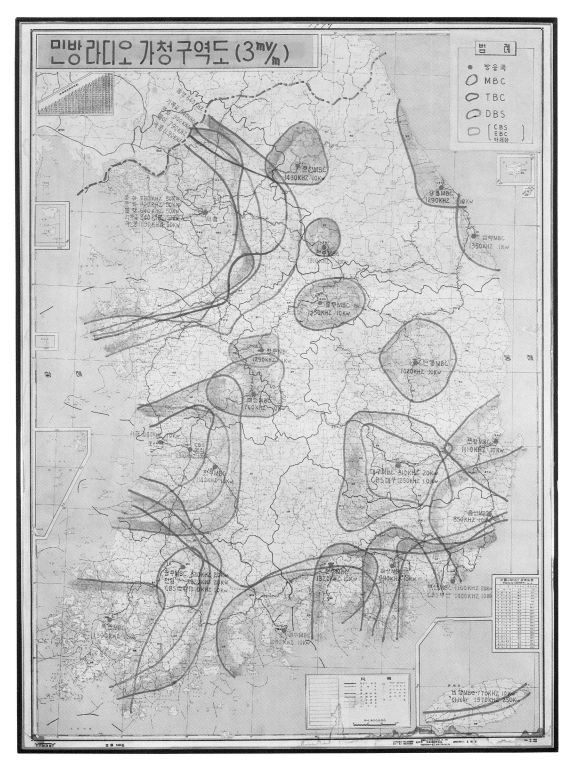

민방라디오 가청구역도
Commercial Radio Service Area Map
1977 | 109×78 | KBS

1977년 당시 민영방송 청취가 가능한 지역을 표시한 지도이다.
1975년 동아방송DBS, 문화방송MBC, 동양방송TBC이 투자하여 남산에 타워를 세워 전파를 송출하였다.

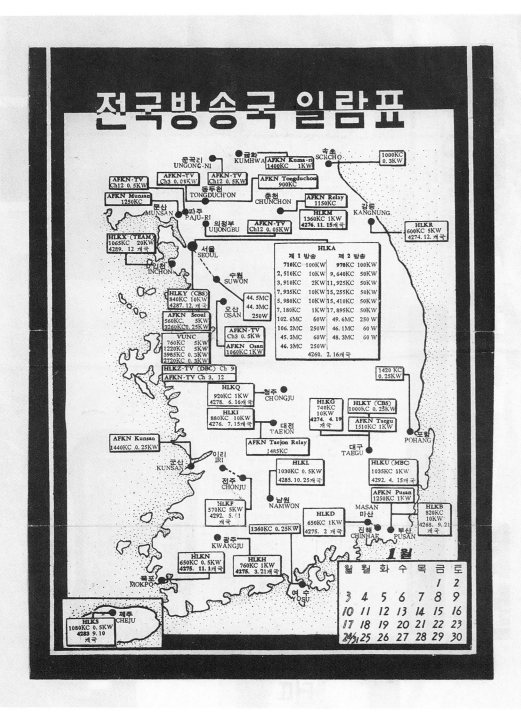

전국방송국 일람표
List of Broadcasting Stations in Korea
1960 | 37.2×27 | KBS

당시 전국 방송국의 지역별 일람표이다.
서울에는 서울중앙방송KBS, HLKA의 제1방송과 제2방송이 있었으며,
민영방송으로는 1954년에 개국한 기독교방송CBS, HLKY이 있었다.

RADIO&TV 주간방송 가이드북

Weekly RADIO & TV Guide

1964년 10월·11월 | 각 25.3×12.5 | KBS

1964년 당시 라디오와 TV 가이드북이다.
1954년 기독교방송CBS을 시작으로
문화방송MBC, 동아방송DBS, 라디오 서울RSB 등
민영방송국들이 차례대로 개국하여
라디오 경쟁체제에 들어섰다.

서울방송국 건물 전경 1956 | 국가기록원

KBS 중앙방송국 전경 1972 | 국가기록원

KBS방송 종합청사 준공 1976 | 국가기록원

MBC '어린이세계' 출연기념품
MBC Radio Show "Children's World" Guest Souvenir
1990년대 | 17.5×13 | 안명진

문화방송MBC 라디오 출연자에게 제공하던 기념품이다.
표지의 건물은 정동에 위치했던 문화방송 사옥으로
현재는 경향신문사가 사용 중이다.

DBS 동아방송

동아방송 사보
Dong-A Broadcasting System(DBS) Company Newsletter

1978 | 25.6×18.7 | KBS

1978년에 발간된 동아방송DBS의 사보이다.
동아방송은 1963년에 개국하였으며,
동아일보의 산하 부서였다.
사보는 편성표와 주요 프로그램을 소개하고 있다.

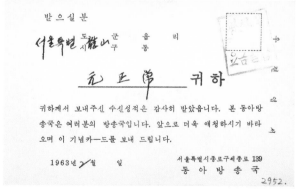

동아방송 수신확인 기념 카드
DBS Card Sent to Reception Reporters

1963 | 9×14 | 신문박물관

동아방송DBS에서 라디오 수신 성적을 보내준
청취자에게 준 기념 카드이다.
앞면에는 동아방송 개봉동 송신소 그림이 있다.
개봉동 송신소는 상습 수해지구에 위치하여
1972년 홍수로 방송이 중단되기도 하였다.

중앙일보 사보
JoongAng Ilbo Company Newspaper
1978 | 25.6×18.2 | KBS

1978년에 발간된 중앙일보의 사보이다.
1964년 개국한 라디오 서울RSB은
1965년 중앙라디오JSB,
1966년에는 동양방송TBC으로 사명을 변경하였으며,
1974년에는 중앙일보와 합병하였다.

동양방송 차량 표지판
TBC Vehicle Sign
1970 | 10×24 | KBS

CBS 기독교방송

기독교방송국 전경
1962 | 국가기록원

1978년 이전의
라디오 수신기

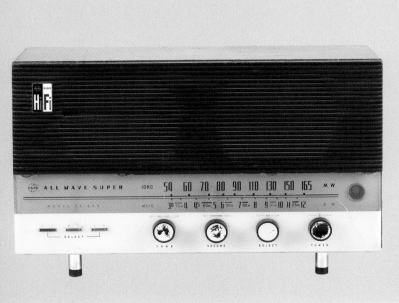

1	2	6	8
		7	
3	4	9	10
	5		

1. 조선방송협회 보급형 라디오 | 1920년대

2. 진공관 장전축 | 1960년대

3. 천향사 진공관 라디오 | 1945년 이후

4. 제네럴 진공관 라디오 | 20세기 후반

5. 제니스 트랜지스터 라디오 Royal 3000-1 | 1967

6. 빅터 트랜지스터 라디오 | 1961

7. 서울시 멸공계몽유공 라디오 | 1976

8. 동남 트랜지스터 라디오 | 1970년대

9. 내셔널 트랜지스터 라디오 EA-685 | 1975

10. 천우 진공관 라디오 | 1970년대

	2	5	6
1			
3			7
	4		
		8	9

1. 삼성 라디오 H-430S | 1979
2. 금성 라디오 RF-1103 | 1970년대
3. 도시바 트랜지스터 라디오 7P-70 | 1964
4. (좌)내셔널 파나소닉 트랜지스터 | 1970년대
　　(우)파나소닉 카세트 라디오 RQ-432S | 1970년대

5. 우수 새마을지도자 라디오 | 1975
6. 로스 휴대용 8트랙 플레이어 라디오 8801 | 20세기 후반
7. 소니 카세트 라디오 CF-570S | 1977
8. 소니 카세트 라디오 CF-320 | 1976
9. 삼미 진공관 라디오 | 광복 이후

1978,
우리 가족의
라디오

1978년 서울은 고속 성장 속에 있었다. 서울시 인구는 외부 유입으로 계속 증가하였고, 강북의
도심재개발지에는 고층건물이 들어서기 시작하였으며, 강남에는 도시기반 시설들이 갖춰졌다.
강북 도심과 강남을 잇기 위한 남산3호터널이 준공되었고, 지하철 2호선과 원효대교·동작대교
등이 착공되었다.

이 해 서울시는 날로 심해지는 교통난을 해결하기 위해 '총력교통체제'를 선언하였다. 이에 서울
시는 시내 각종 도로를 확장하고, 입체교차로·지하도 등을 건설하였으며, 대중교통 증차에 힘을
썼다. 하지만 계속되는 차량증가로 교통난은 해소되지 않았다.

1978년 이전부터 여의도에는 방송국이 건립되었는데, 1973년에는 문화방송мвс이 방송센터를
착공하였고, 1976년에는 한국중앙방송квѕ이 방송센터를 준공하고 남산에서 이전하였다.
1978년 동양방송твс이 프로그램 제작 스튜디오를 1차로 준공함에 따라, 여의도는 방송의 중심
지로 탄생을 준비하고 있었다.

1978, Our Family's Radio

In 1978, Seoul was still navigating through an era of rapid development as more people moved into the city and Seoul's population continued to increase almost uncontrollably. Skyscrapers began to be built in downtown redevelopment sites, and urban infrastructure facilities were being constructed in the Gangnam area south of the Hangang River.

The Seoul Metropolitan Government was struggling to solve the traffic problem that was becoming worse every day. Roads were expanded, underpasses and multi-level intersections were constructed, and the number of public transit vehicles were increased. But traffic congestion continued to worsen as the number of vehicles grew.

Newly developed Yeouido area was attractive to broadcasting stations with its great location and availability of large lots. In 1973, the construction of the MBC broadcasting center began, and KBS moved from the Namsan area to its new broadcasting center in Yeouido in 1976. In 1978, TBC constructed its first program production studio in Yeouido. Yeouido was about to become Korea's center of broadcasting.

1978, 我们家庭的收音机

1978年，首尔正在高速发展当中。首尔的人口因外部地区的流入而持续增加，江北市中心地区开始建设高楼大厦，江南则具备了城市的基础设施。为连接江北市中心和江南地区，南山3号隧道竣工，同时地铁2号线、元晓大桥、铜雀大桥等也开始动工建造。

这一年，首尔市为解决日益加剧的交通拥堵问题，宣布实行"总力交通制"。市内扩建各种道路；修建立交桥、地下通道等，虽然致力于增加公共交通，但由于车辆不断增加，交通问题持续加剧。第一阶段竣工

1978年以前就在汝矣岛建立了广播电视台。1973年MBC动工广播中心，1976年KBS从南山搬迁到汝矣岛。1978年TBC部分竣工节目制作工作室，这些预示着汝矣岛正准备成为韩国的广播中心。

1978, 私たちの家族のラジオ

1978年、ソウルは高速成長の中にあった。ソウル市の人口は外部からの流入により増え続け、漢江の北の都心部再開発エリアには高層ビルが立ち並ぶようになり、漢江の南の江南地区には都市基盤施設が整備された。漢江の北の都心部と江南を結ぶための南山3号トンネルの竣工と共に、地下鉄2号線と元暁（ウォンヒョ）大橋、銅雀（トンジャク）大橋などが着工された。

この年、ソウル市は日々悪化している交通難を解決するため、『総力交通制』を宣言した。道路を拡張し、立体交差路や地下道などを建設したり、公共交通機関の拡充にも力を入れたものの、車の数が増え続け交通難は深刻化した。

1978年より前から汝矣島には放送局が建てられた。1973年にはMBCが放送センターを着工し、1976年にはKBSが放送センターを竣工して南山から移転した。1978年にはTBCが番組制作スタジオを一次的に竣工し、汝矣島は放送の中心地としての誕生を準備していた。

1978년 서울시 주요지표

세대원 수

4.65명
2.70명

가계 월소득

174,510원
5,495,833원

주택 보급률

61.3%
109.0%

대학 진학률
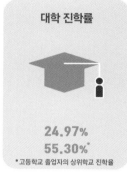
24.97%
55.30%*
*고등학교 졸업자의 상위학교 진학율

가정 연료사용 비율
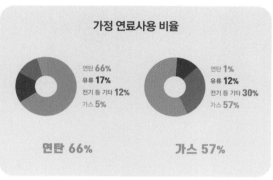
연탄 66%
유류 17%
전기 등 기타 12%
가스 5%

연탄 1%
유류 12%
전기 등 기타 30%
가스 57%

연탄 66% 가스 57%

지하철 기본요금

50원
1,250원

시내버스 기본요금

45원
1,250원

택시 기본요금 2km

250원
3,800원

라면

47원
830원

짜장면

200원
5,115원

쌀 40kg

17,250원
105,600원

1978년 우리 가족 소개

아버지
이름 김만철
나이 43세(1934년생)
직업 개인택시 기사

어머니
이름 박순자
나이 41세(1936년생)
직업 가정주부

오빠
이름 김영수
나이 20세(1957년생)
직업 대학생

나
이름 김영희
나이 17세(1960년생)
직업 고등학생

1978년 라디오 편성표

KBS 한국방송공사	MBC 문화방송	CBS 기독교방송	DBS 동아방송	TBC 동양방송
09·00 KBS 희망음악	09·05 푸른 신호등	09·00 아침의 음악편지	09·40 음악의 세계여행	09·05 가로수를 누비며
10·05 주부시간	10·40 왕비열전	10·00 부인 안녕하세요	10·05 행복의 구름다리	10·45 소설극장
11·15 생활상담	11·10 여성살롱 임국희예요	11·00 할머니 안녕하세요	11·40 특별수사본부	11·10 안녕하세요 엄앵란·허원입니다
12·25 노래의 꽃다발	13·10 싱글벙글쇼	12·00 정오의 휴게실	12·35 정오의 가요산책	12·25 코미디 가요쇼
13·30 오후의 교차로	14·30 후라이보이의 가요열차	14·00 CBS 가요쇼	13·30 동아의 메아리	13·10 서영춘 가요쇼
18·15 국군의 시간	16·05 노래실은 고향소식	18·00 어린이동산	18·00 뉴스·날씨	18·05 저녁의 희망가요
19·25 KBS 초대석	18·00 MBC 희망뉴스	18·30 CBS 저녁뉴스	18·10 팝송 다이얼	19·00 라디오 석간
20·00 8시의 음악편지	19·00 저녁종합뉴스	19·00 우리들	19·20 7시에 만나요	20·05 허참과 이 밤을
20·45 실록춘추	19·30 이수만과 함께	20·40 내 강산 우리가락	20·00 노래하는 곳에	21·45 추적자
21·15 남한강의 봄	21·10 그 시절 그 노래	21·35 CBS 논단	21·40 형사	22·40 특별수사본부
22·05 찬란한 나목	21·45 전설따라 삼천리	22·00 명곡을 찾아서	22·05 목격자	23·30 0시의 다이얼
23·00 방송통신대학	22·05 법창야화	23·00 같이 생각해 봅시다	22·25 판결	
24·45 역사의 향기	23·10 별이 빛나는 밤에	24·20 꿈과 음악사이	22·45 이브의 연가	
			23·10 밤을 잊은 그대에게	

라디오피로

택시기사
아버지의

카 라디오

포니원 택시
Hyundai *Pony* Taxi
1978 | 3,970×1,558×1,360

1975년 개발된 대한민국 최초의 고유 모델 자동차이다.

안녕하세요. DJ 황인용 아저씨! 차가운 바람에 옷자락을 여미고 다녔던 것도 잠시, 벌써 꽃이 피는 봄이 성큼 다가왔네요. 저는 미아동에 사는 17살 영희라고 해요. 라디오를 사랑하는 파란 대문집 식구 이야기를 써볼까 해요. 그 중 첫 번째는 바로 우리 아빠입니다. 올해 43세이시고, 개인택시 운전을 하십니다. 아빠는 우리 가족을 위해 강남까지 운전하시며 열심히 일하십니다. 덕분에 우리 가족은 2년 전 미아동에 새로운 보금자리를 얻었답니다. 우리 아빠는 택시에서 라디오를 참 많이 들으세요. 특히 매 시간마다 뉴스를 꼭 챙겨 들으시지요. 특히 뽀빠이 이상용 아저씨의 '명랑교차로'를 정말 좋아하셔서 공개방송에 가고 싶다고 말씀하시곤 하셔요. 기회가 되면 우리 아빠도 공개방송에 한 번 나가셨으면 참 좋겠어요. 어머! 거실에서 아빠 목소리가 들리네요. 아빠가 퇴근하고 집에 오신 모양이에요. 수다쟁이는 이제 그만 아빠한테 가봐야겠어요. 다음에는 우리 엄마에 대해서 엽서를 써볼게요. 다음에 봬요. 아저씨!

DJ 황인용의 사연소개

보도

라디오방송의 시작부터 함께한 보도는 광복 후에 더욱 증가하였다. 정부 수립 이후 녹음기가 도입되어 뉴스의 현장감이 좋아졌고, 전신타자기를 통해 해외 뉴스도 빠르게 전할 수 있게 되었다.

1960년대에 들어 민영방송국의 개국으로 보도 프로그램 역시 경쟁체제에 돌입했다. 보도 프로그램은 아나운서가 단순히 기사를 읽는 형식에서 나아가 논평, 해설 등이 등장하여 청취자의 호응을 얻었다. 또한 시보 전 5분 또는 10분 뉴스를 편성하여 매 시간 뉴스가 방송되기 시작하였다.

하지만, 1970년대에 들어 정국이 경색되고 탄압이 심해짐에 따라 고발 프로그램 등 사회비판 프로그램이 폐지되었으며, 보도 프로그램의 편성이 줄기도 하였다.

News Reports

News was always an important part of radio broadcasting since its beginning, and it became even more important after the end of Japanese colonial rule in 1945. Then, after the Republic of Korea was officially established in 1948, the further adoption of portable sound recording equipment added a sense of realism to radio news.

In the 1960s, emergence of private broadcasting stations led to competition between news programs. Rather than the news presenter simply reading the news as before, news programs vied for listeners by presenting opinions and commentaries.

Various formats of news programs flourished until the 1970s, when Korea's authoritarian government tightened its grip and critical news programs were censored or cancelled.

지하철 순환선 기공 기념 승차권
Ticket to Commemorate Groundbreaking of Seoul Subway Line 2

1978년 3월 9일 | 6.1×15.2

지하철 2호선의 착공기념 승차권이다.
지하철 2호선은 순환선으로 계획되었으며,
1984년에 완공되었다.

세종문화회관 개관 기념 명판
Sign Commemorating the Opening
of Sejong Center for the Performing Arts

1978년 4월 | 11.5×18×1.8

1978년 세종문화회관 개관을
기념하기 위해 만든 명판이다.
세종문화회관은 1972년 화재로 소실된
서울시민회관의 자리에 건립되었다.

남산3호터널 통행권
Namsan Tunnel No. 3 Pass

1979년 8월 23일 | 9.2×12.8

1979년 8월 23일 서울과 인천을 오가며
발행된 영수증이다.
남산3호터널은 1978년에 개통되어
잠수교와 1982년 개통된 반포대교를 통하여
서울의 중심과 강남을 연결하였다.

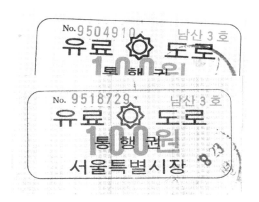

1978년 서울의 보도

3월 9일	4월 14일	5월 1일	5월 31일
지하철 2호선 착공	세종문화회관 개관	남산3호터널 개통	동작로 개통 (제1한강교-국립묘지)

제9대 대통령 취임 기념 우표
Stamp Commemorating the Inauguration of the 9th President
1978년 12월 27일 | 6×9

제9대 박정희 대통령의 취임 기념 우표이다.
박정희 대통령은 1978년 7월 8일 개최된
통일주체국민회의를 통하여 대통령에 선출되었다.

1978 제42회 세계사격 선수권대회 프로그램집
The 42nd ISSF World Shooting Championship Program Book
1978 | 각 25.8×18.7

1978년에 서울에서 열린 제42회 세계사격선수권대회 프로그램집이다.
대회에는 71개국이 참가했으며, 미국이 종합우승하였다.
한국은 12위로 은메달 3개, 동메달 5개를 획득하였다.

7월 6일	7월 22일	7월 23일	9월 22일	9월 24일
제2대 통일주체국민회의에서 제9대 박정희 대통령 선출	행주대교 개통	시내버스 한강 추락, 46명 사상	시내 국민학교 학생 100만명 돌파	제42회 세계사격대회 개최

제10대 국회의원선거 공보물
Advertisement for the 10th National Assembly Election

1978년 11월 22일 | 55 × 39.3

1978년 12월 12일에 치러진 제10대 국회의원선거 당시
도봉구에 출마한 공화당 신오철 후보의 선거 공보물이다.
제10대 국회의원 선거는 야당이 여당을 앞선 최초의 선거로
신오철 후보는 동양방송TBC 탤런트 출신의 무소속 홍성우 후보에게 패하였다.

10월 5일	10월 13일	11월 23일	12월 12일
자연보호헌장 제정	버스 안내원 몸수색 항의 음독자살	강남고속버스터미널 착공	제10회 국회의원선거 (1.1%차이로 야당의 승리)

교통방송

카 라디오가 처음 설치된 국산차는 '새나라' 자동차였으나, 라디오는 기본 사양이 아닌 선택 사항이었다. 그래서 카 라디오가 설치되지 않은 차에는 라디오를 가지고 다니면서 들었다. 자동차에 라디오가 기본사양으로 달려 나오기 시작한 것은 1975년 '포니'부터였다. 1970년대에 차량이 증가하면서 아침 교통체증 시간에 '오늘도 명랑하게KBS', '푸른 신호등MBC', '명랑교차로DBS', '가로수를 누비며TBC', '명랑 하이웨이CBS' 등의 교통 방송이 편성되었다. 각 방송국에서는 버스 및 택시 운전자들에게 교통통신원 자격을 수여하였으며, 교통통신원들은 시내에서 일어나는 사건과 사고를 방송국에 전하였다. 또 방송국에서는 교통통신원과 가족들을 초대해 노래자랑이나 운동회 등 다양한 행사를 열었다.

Traffic News

The first Korean car with a radio was the *Saenara* sedan manufactured in the 1960s, but radio was an expensive option item. Car radio became a standard feature beginning with Hyundai *Pony* sedan in 1975.
As the number of cars rapidly increased in the 1970s, many channels delivered traffic news during rush hour. Each broadcasting station assembled a team of professional bus and taxi drivers as the station's traffic correspondents, and they relayed various events and accidents on the road to the stations.

서울건설 화보집

Photo Album, *Seoul Construction*

1978 | 46.3×30.2

1978년 1월에 발행된 서울의
건설상황을 보여주는 화보집이다.
화보집은 여의도개발, 도로확장,
교량건설 등 각종 건설 모습을 담겨 있다.

▲ 회현고가도로

영등포 입체교차로

구 영등포구청앞에 입체교차로와 도로공원 7,570평을
조성하여 교통소통과 시민 위락공간을 제공하고 있다.

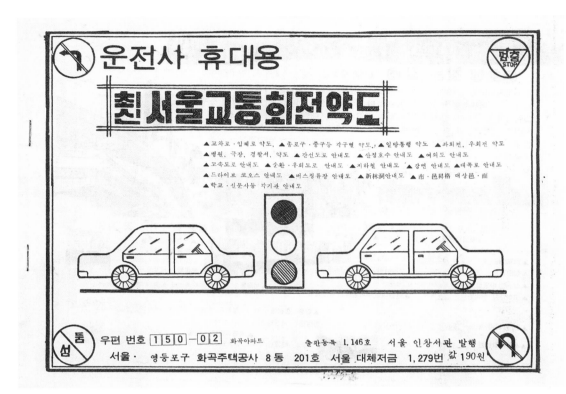

최신 서울교통회전약도
Latest Map for Traffic Turning Points in Seoul
1970년대 이후 | 19×27

운전사 휴대용으로 제작된 서울교통회전약도이다.
종로구, 중구 등 지구별 약도와 교차로, 입체로, 일방통행 등
교통약도와 주요시설 및 고속도로, 지하철 등의 약도가 수록되어 있다.

택시미터기
Taxi Meter
1976 | 11×11.5×27

택시의 운행거리와 요금을 표시하는 장치이다.
수동으로 빈차 레버를 꺾어 작동하였다.
당시 택시 기본요금은 2km에 250원으로
시내버스 요금의 약 5배였다.

동아방송 교통통신원에게 발급한
위촉증과 표지이다.
동아방송 교통통신원은
1979년 1기로 100명을 선발하였다.
교통통신원은 서울시내의
교통사고 및 각종 사건, 사고를
동아방송에 전달하였으며,
교통안내 프로그램인
'명랑교차로'에 출연하였다.

동아방송 교통통신원 위촉증
DBS Traffic Correspondent Appointment Letter
1980 | 8.3×6 | KBS

동아방송 교통통신원 표지
DBS Traffic Correspondent Badge
1980 | 8.8×3.5 | 신문박물관

월간 전화 가이드
Monthly Telephone Guide
1970 | 21×15.1×0.6

한국전화번호부공사에서 발행한
'월간 전화 가이드' 창간호이다.
전화의 보급에 따라
전화와 라디오를 연결하는
전화리퀘스트 및 콜택시와 관련된
정보를 담고 있다.

동아방송 '명랑교차로' 어린이안전 캠페인 손수건
Handkerchief for the DBS Child Road Safety Campaign
"Happy Intersection"
1978 | 32.5×28.5 | 신문박물관

동아방송 교통 프로그램인 '명랑교차로'의 캠페인 손수건이다.
서울 시내 20여개 초등학교 학생에게
길을 건널 때 흔들 수 있도록 노란손수건을 나눠 주었다.

제2회 '거북이대작전' 기념 열쇠고리
Commemorative Key Chain for the
2nd DBS Traffic Safety Campaign "Operation Turtle"
1979년 4월 10일 | 8×3.2 | 신문박물관

동아방송 특별 생방송 '거북이대작전' 기념 열쇠고리이다.
이 열쇠고리에는 당시 '명랑교차로' 진행자인
이상용을 상징하는 뽀빠이가 거북이를 타고 있는
그림이 그려져 있다.

제2회 DBS '거북이대작전' 대본
Script for the 2nd DBS Traffic Safety Campaign
"Operation Turtle"
1979 | 39×27 | KBS

1979년 동아방송DBS에서 진행한
'거북이대작전' 대본이다.
'거북이대작전'은 교통사고 없는
명랑한 서울을 만들자는 취지로
1978년부터 진행된 캠페인으로
13시간 30분동안 생방송으로 진행하였다.

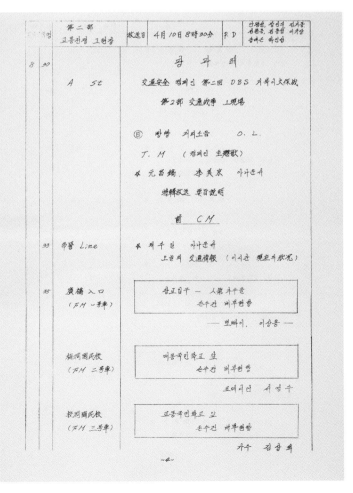

어머니의
라디오

금성 라디오 RF-111
Gold Star Radio RF-111
1978 | 63.5×24×18

DJ 아저씨, 잘 지내셨나요? 이번 사연의 주인공은 바로 우리 엄마입니다. 우리 엄마는 41세 가정주부예요. 항상 우리 남매를 키우시느라 바쁘게 뛰어 다니신답니다. 최근에 미아동으로 이사를 하면서 드디어 엄마의 오랜 소망인 텔레비전을 갖게 되었어요. 요즘에는 '행복을 팝니다'라는 드라마를 어찌나 좋아하시는지 몰라요. 물론 텔레비전 드라마도 좋아하시지만, 집안일을 하실 때는 귀로 듣는 게 더 편하시다며, 라디오 드라마를 더 많이 들으세요. 아침에 가족들이 나가고 나면 안방 화장대 위 라디오를 크게 틀어놓고, 이 방 저 방을 돌아다니시며 집안일을 하신다고 해요. 또 얼마 전에는 'MBC 여성살롱 임국희예요'를 들으시다가, 〈행복한 가정생활 십계명〉을 크게 적어 거실에 붙여놓으셨지 뭐예요. 임국희의 여성살롱을 통해 생활 정보를 많이 얻는다며 좋아하시는 모습이 얼마나 보기 좋은지 몰라요. 오늘은 여기까지, 우리 엄마에 대한 소개였어요. 다음 엽서도 기대해 주세요.

DJ 황인용의 사연소개

드라마

라디오극은 경성방송국에서 창극과 소설낭독으로 처음 시작되었는데, 1956년 '청실 홍실'을 시작으로 연속극 시대가 열리게 되었다.

1960년대 민영방송이 개국하면서 라디오 드라마를 중심으로 하는 청취율 경쟁이 시작되었다. 1966년 한 해 동안 160여편의 드라마가 방송되었는데, 멜로물이 대부분 이었으며 방송국은 드라마를 30분 단위로 띠편성*하기에 이르렀다. 인기 드라마는 대부분 영화로 제작되었고, 책이나 음반으로도 만들어져 사랑받았다. TV가 보급됨에 따라 라디오 드라마의 인기는 점차 줄어들었지만, '일제 36년', '격동 50년'과 같은 장편 대하물은 계속해서 인기를 끌었다.

* 띠편성 : 일주일 단위로 같은 시간대에 동일한 유형의 프로그램을 편성하는 것이다.

Dramas

The Gyeongseong Broadcasting Station first introduced radio dramas, consisted of mostly Korean traditional operas and the reading of novels. Private broadcasting stations began to operate in the 1960s, and they competed for listeners with captivating dramas. In 1966, more than 160 dramas were broadcast in a single year. Most were melodramas, broadcast in weekly 30-minute episodes. The most popular ones were further developed into films, books, and music records.

동양방송TBC 장편 다큐멘터리 '일제 36년' 도서
Book, TBS Documentary "*36 Years of Japanese Colonialism*"
1970 | 19.7×14×3.7(책), 46×127×14(책곽) | KBS

동양방송 라디오 일일연속극 '일제 36년사'를 개작한 소설책이다.
TV의 보급으로 라디오 멜로 드라마는 인기가 줄었으나,
장편 다큐멘터리 드라마는 전성기를 누렸다.

'전설따라 삼천리' LP
LP Record, MBC Radio Show "Searching for Legends Across the Country"
32.3×32.6 | 안명진

문화방송에서 우리나라의 전설과 설화를
각색하여 방송한 '전설따라 삼천리'의 LP이다.
'전설따라 삼천리'는 1965년 5월부터 1983년 10월까지 방송되었으며,
일부 내용은 영화로도 제작되었다.

방송소설걸작집
Collection of Best Radio Novels
1946 | 18×12.8×0.7

서울중앙방송에서 방송된 소설을 모은 책이다.
방송초기에는 기존의 소설을 낭독하거나,
두 명이 번갈아 읽는 입체낭독 형태로 방송되었다.

MBC 最高人気連続 実話劇!

法窓

《別莊의女人》

夜話

㈱申푸로덕숀 作品

'법창야화 – 별장의 여인' 대본
Film Script from MBC Radio Drama "The Woman in the Country House"
1975 | 26.2×19

MBC 라디오 드라마 '법창야화' 시리즈 중
'별장의 여인'의 영화대본이다.
'법창야화'는 1974년부터 1980년까지 방송되었으며,
이 중 '별장의 여인'은 재벌 2세들의 행각을 그린 작품이다.

'사랑의 계절' 포스터
Film Poster,
MBC Radio Drama "Season of Love"
1977 | 72×50.7

MBC 라디오 드라마 '사랑의 계절' 시리즈 중
'여고 3년생'의 영화 포스터이다.
'사랑의 계절'은 수기를 공모하고
이를 드라마로 각색하여 방송하였다.

우리가 선택한 우리들의 이야기!

女高3年生" 女高3年生"

●제작 / 곽정환
●기획 / 이지룡

MBC라디오 인기연속극
사랑의 계절에서……
女高3年生(편)

■이성민감독작품

■70만원 현상 (사랑의 수기) 최우수 당선 작품!
■우리들의 친구 (세화여고 3년생) 송지나양의 피맺힌 수기 完全映画化!

사랑의 季節

■한미영 / 이형준
■송재호 / 이순재 / 김정훈 / 권미혜 / 김복순

동영화주식회사 작품

주제가 · 작곡·작사 / 정민섭
노래 / 김인순

교양방송

일제강점기 교양 프로그램은 한국인의 문화개발을 위한다는 구실을 내세워 사상 선도에 중점을 두었다. '심전개발心田開發', '농촌부흥', '부녀교육'과 같은 프로그램이 편성되었으며, '일본 명사강연', '일본 위인전' 등을 방송하였다.

광복 후 다양한 교양 프로그램이 개발되었는데, 청취자에게 서면으로 질문을 받아 대답하는 '질문응답'과 다양한 소재의 다큐멘터리 드라마나 대담형식으로 제작하는 '방송학교' 등이 있었다.

한국전쟁 직후 제작된 '마음의 샘터'는 20여 년 동안 방송되었고 책으로도 출간되었다. 중·고등학생을 대상으로 한 '라디오 게임'은 퀴즈 프로그램의 효시이자, 이후 '장학퀴즈'로 이어졌다. 주부 대상으로는 '가정문예', '주부메모', '육아상식' 등이 제작되었다.

Culture Programs

During the Japanese colonial period (1910-1945), culture programs on the radio focused on propagating Japanese political ideology under the pretense of promoting Korean culture. After Korea regained independence, culture programs in various formats were developed. One example was *A question-and-answer show* (*Jilmun Eungdab*) that provided answers to the questions sent in by listeners; another was *A school show* (*Bangsong Haggyo*), where a wide range of subjects were turned into a documentary, drama, or talk show.

One such show that started after the end of the Korean War (1950-1953) - *An Oasis for the Mind* (*Maeumui Saemteo*) - was on air for more than twenty years and was later published as a book. Other popular programs included quiz shows, not only for middle and high school students but also for housewives such as *Literature at Home* (*Gajeong Munye*) and *Common Sense for Child-Rearing* (*Yuga Sangsik*).

KBS '마음의 샘터' 모음집

Quotes from KBS Radio Show
"Oasis of the Mind"

1959 | 17×11.5×2.5 | KBS

1953년 11월 서울중앙방송국KBS에서 방송된
'마음의 샘터'의 내용을 담은 책이다.
'마음의 샘터'는 명언과 격언,
좌우명이 될 만한 말을 추려
해설과 함께 방송한 프로그램이다.

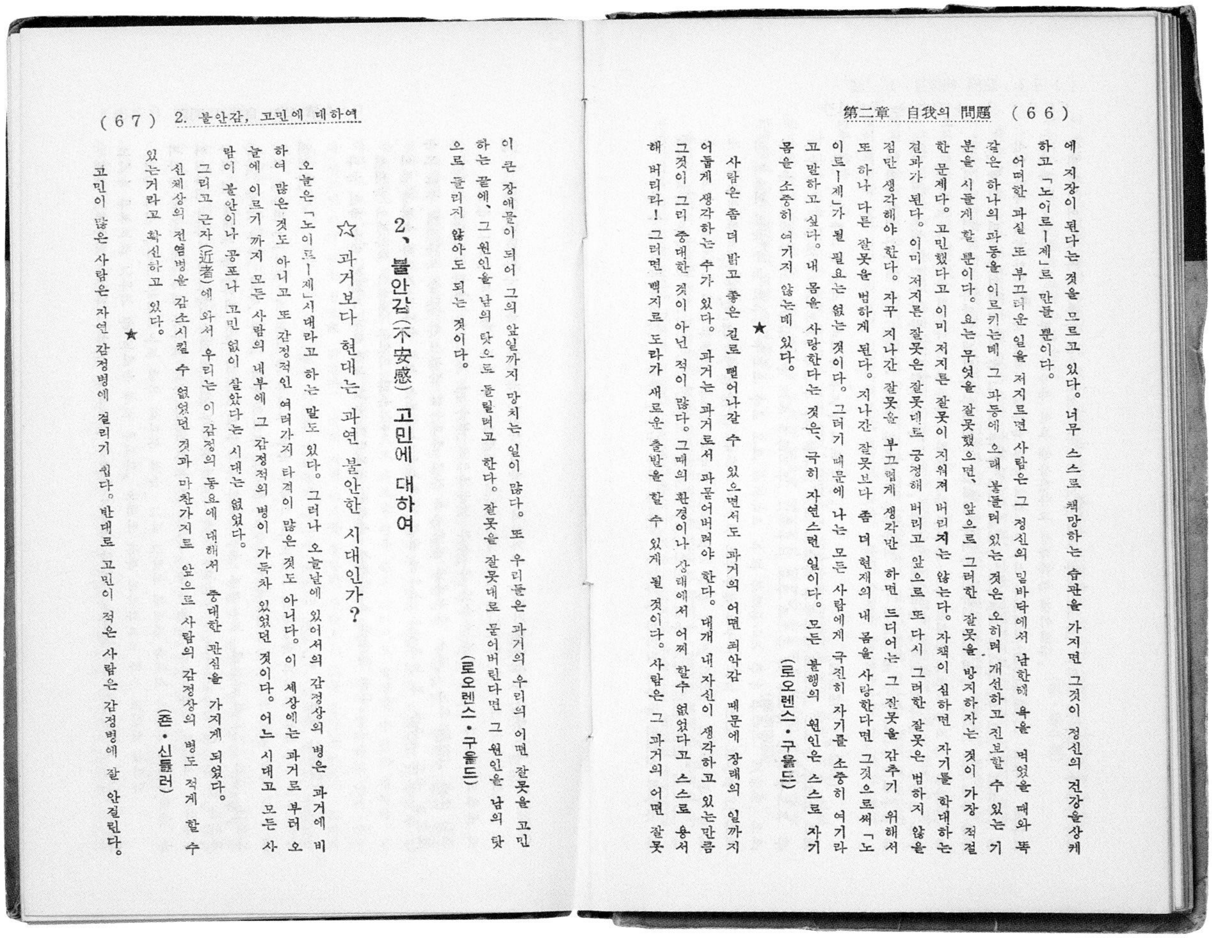

에 지장이 된다는 �을 므르고 있다. 너무 스스로 책망하는 습관을 가지면 그것이 정신의 건강을 상케 하고 「노이로-제」로 만들 뿐이다. 어떤 과실 또 부끄러운 일을 저지르면 사람은 그 정신의 밑바닥에서 남모르는 욕을 먹을 때와 똑같이 하나의 고통을 이르키는데 그 과동에 오래 집착하고 있는 것은 오히려 개선하고 진보할 수 있는 기분을 시들게 할 뿐이다. 요는 무엇을 잘못했으면, 앞으로 그러한 잘못을 방지하자는 것이 가장 적절한 문제이다. 고민했다고 이미 저지른 잘못은 지워져 버리지는 않는다. 자책이 심하면 자기를 학대하는 결과가 된다. 이미 저지른 잘못은 긍정해야 한다. 그런데 범하지 않은 점만 생각해야 한다. 자구 지나간 잘못을 부고질하면 또 다시 그러한 잘못을 범하지 않은 이트-게가 될 필요는 없는 것이다. 그러기 때문에 너무 현재의 내용을 사랑한다면 그것으로써 「노고만하고 싶다. 내 몸을 사랑한다는 것은, 극히 자연스런 일이다. 모든 불행의 원인은 스스로 자기 몸을 소중히 여기지 않는데 있다.

☆

（토오렌스・구울드）

2, 불안감(不安感) 고민에 대하여

★

과거보다 현대는 과연 불안한 시대인가?

오늘은 「노이트-제시대」라고 하는 말도 있다. 그러나 오늘날에 있어서의 감정상의 병은 과거에 비하여 많은 것도 아니고 또 간정적인 여러가지 타격이 많은 것도 아니다. 이 세상에는 과거로 부러 오늘에 이르기 까지 모든 사람의 내부에 그 감정적인 병이 가득차 있었던 것이다. 어느 시대고 모든 사람이 불안이나 공포나 고민 없이 살았다는 시대는 없었다. 그리고 군자(近者)에 와서 우리는 이 감정의 동요에 대해서 중대한 관심을 가지게 되었다. 신체상의 전염병을 잠조시킬 수 있었던 것과 마찬가지로 앞으로 사람의 감정상의 병도 적절히 할 수

☆

고민이 많은 사람은 자연 감정병에 걸리기 쉽다. 반대로 고민이 적은 사람은 감정병에 잘 안걸린다.

（존・신들러）

이른 장애물이 되어 그의 앞일까지 당치는 일이 많다. 또 우리들은 과거의 우리의 어떤 잘못을 고민하는 끝에, 그 원인을 남의 탓으로 돌릴려고 한다. 잘못을 잘못대로 돌려 버린다면 그 원인을 남의 탓으로 돌리지 않아도 되는 것이다.

（로오렌스・구울드）

해 버리라! 그러면 맹지로 도라가 새로운 출발을 할 수 있게 될 것이다. 사람은 그 과거의 어떤 잘못

KBS '라디오 게임' 문제집
KBS Radio Show
"Radio Game" - Quiz Book
1962 | 17×9.8×1.5 | KBS

KBS 퀴즈프로 '라디오 게임' 지식의 광장
KBS Radio Show
"Radio Game" - Knowledge Plaza
1963 | 18×11×2 | 안명진

서울중앙방송KBS에서 방송된 '라디오 게임'의
방송 내용을 정리하고 사회 각 분야에 걸쳐
예상문제를 담은 상식집이다.

문 제 편

【문 139】 거북에는 이빨이 있을까 ?

1. 이가 없다.
2. 이가 있다.
3. 보통의 거북에는 없지만 자라에는 있다.

【문 140】 철교의 기차 선로에는 기차가 달리는 레
일의 안쪽에 왜 또하나의 레일을 깔아
놓았을까 ?

1. 탈선을 해도 선로 밖으로 벗어나지 않도록
한 것이다.
2. 레일을 특별히 딱 고정시키기 위한 것이다.
3. 철교의 침목을 고정하기 위한 것이다.

【문 141】 뺨을 맞으면 혹이 생기지 않는데 머리를
맞으면 왜 혹이 생길까 ?

1. 가벼운 뇌일혈을 일으키기 때문이다.
2. 머리의 근육에는 탄력이 있기 때문이다.
3. 피부 바로 밑에 뼈가 있기 때문이다.

해 답 편

【답 139】 (1이 정답)

해설 옛날부터, 자라는 물고 늘어지면 천둥 칠 때
까지는 떨어지지 않는다고 하는데 거북은 어느
것도 이빨이 없다.
그러나 턱이 튼튼한 각질(角質)로 되어 있다.
치골(齒骨)은 상악골(上顎骨)의 앞 윗쪽에 아
주 봉합 유착되어 있기 때문에 이빨이 없어도
무는 힘이 세다.

【답 140】 (1이 정답)

해설 철도 선로를 보면 차량이 탈선하기 쉬운 곳,
레일이 닳기 쉬운곳, 또 탈선하면 무서운 사고
가 일어날 우려가 있는 본궤도의 안쪽에, 병행
으로 일정한 간격을 두어 또 하나의 궤도를 부
설한다. 이것을 호륜궤도(護輪軌道)라고 하는
데 철교에 있는 것은 교량 호륜 궤도라고 해서
다리 위에서 탈선해도 굴러떨어지지 않도록 하
기 위한 것이다.

【답 141】 (3이 정답)

해설 피부가 단단한 것과 맞부딪치면 머리나 팔굼
치 처럼, 피부 바로 밑에 뼈가 있는 곳은, 단
단한 것과 뼈 사이에 피부가 꽉 눌리므로 심하
게 부딪치면 터져서 피가 나지만 그리 심하지
않으면 혹이 생긴다. 이것은 혈장이 모세 혈관
의 벽을 통해서 혈관 밖으로 스며나와 피부의
조직을 물리치고 고인 것이다.

선경구룹 제공

노래 합시다

방송 ; A · M, 일요일 오전 10시～10시 30분

공개 녹음 장소 : 명동 코리아나
백화점 3층 문화싸롱
공개 녹음 시간 : 매주 화요일 오후 4시

P. D. 박 경 식
ANN. 차 인 태
GUEST. 4월과 5월

7호

문화방송 라디오국

MBC '노래합시다' 노래집
MBC Radio Show *"Let's Sing"* - Book of Music & Lyrics
1973 | 18.5×12.6 | 안명진

매주 일요일 오전 10시 문화방송MBC에서
방송되던 '노래합시다' 프로그램의 노래집이다.
이 프로그램은 공개 녹음방송으로 차인태 아나운서가 진행하였다.

바구니에 가득찬 행복
MBC Radio Show "Women's Salon" -
Basket Filled with Happiness: Stories from the Listeners
1979 | 20.6×12.5×1.6 | 개인소장

문화방송MBC 라디오 프로그램 'MBC 여성살롱 임국희예요'의 사연 모음집이다.
'MBC 여성살롱'은 1975년부터 1988년까지 14년간 방송되었으며,
1988년 부터는 이름을 '여성시대'로 바꿔 현재까지 방송되고 있다.

"저는 그이가 출근하고 나면 집안 청소와 빨래를 끝내고 'MBC 여성살롱'에서

피로를 풀곤 하는 결혼 1년 6개월 된 한 아이의 엄마예요.

그이와 저는 같은 직장에서 뭇사람의 눈총을 받으며

3년 동안의 끈질긴 열애 끝에 결혼에 골인한 지독한(남들이 그래요) 부부죠.

그런데 며칠전 아무것도 아닌 일로 그이와 싸웠지 뭐예요.…."

이 책은
평범한 사람들의
시시껄렁한 얘기 속에 담긴
삶의 진실을 펼쳐보여준다.

PD 최양묵과 퍼스낼리티 임국희

「여성」은 보통명사가 아니다. 여성이야말로 그 무엇으로도 빚거나 구워낼 수 없는 영원한 추상명사이다.
— 韓水山

나는 항상 무엇인가를 사랑할 수 밖에 없다. 길가에 구르는 쇠똥묻은 돌멩이라도, 원두막에서 떨어진 개똥참외라도 좋다. 그것에는 얼마든지 한개로서의 뜻이 있게 마련이다.
— 金周榮

내가 연애하고 결혼한 그이는 사람을 아기자기하게 재미있게 해주는 잔재주는 없지만 사람을 편하게 해 주는 무던함이 있었다. 남들은 무신경하다고 보는 걸 나는 무던한 걸로 본, 바로 그게 연분이라는 게 아닐런지.
— 朴婉緒

바구니에 가득 찬 행복―. 평범한 사람들이 평범한 얘기들을 한다. 우리의 가슴을 가만히 적셔주는 사랑의 말들이다.
— 姜恩喬

오빠의

휴대용
라디오

도시바 트랜지스터 라디오 7P-70
Toshiba Transistor Radio 7P-70
1964 | 4×14×7 | 최달용 기증

DJ 아저씨! 오늘부로 드디어 세 번째 엽서를 보내게 되었어요. 지난번 엄마가 사연을 들으시고는 얼마나 재미있어 하셨는지 몰라요! 오늘은 더 재미있는 우리 오빠 이야기를 해드릴게요. 오빠는 오래전 삼촌이 엄마에게 사다 준 일제라디오로 영어공부를 열심히 해요. 오빠는 부지런해서 아침 일찍 일어나 영어회화 프로그램과 AFKN방송을 들어 영어는 곧 잘 하는 편이에요. 하지만 오빠가 가장 좋아하는 것은 야구중계지요. 고등학생 때부터 야구광이라 '대통령배', '봉황대기', '황금사자기'를 모두 챙겨들을 정도예요. 공부는 안하고 야구경기만 듣는 것 같은데 어떻게 대학생이 되었는지 도통 알 수가 없어요. 오빠에 대한 엽서는 여기까지로 마무리 할게요.

DJ 황인용의 사연소개

스포츠 중계

일제강점기부터 시작된 라디오 중계는 광복 후에도 이어졌다. 1948년 제14회 런던 올림픽대회에 특파원을 파견하여 BBC 단파*를 통해 중계하였다. 당시에는 라디오가 가정에 보급되기 이전으로 시내에 가두방송차를 배치하여 시민에게 경기 상황을 전달하였다.

방송 초기에는 경기장에 미리 전화선을 연결하여 중계하였으나, 기술이 발달하면서 이동 방송차량을 통해 성화 봉송, 마라톤 등을 실시간으로 중계하였다. 라디오의 소형화로 경기장에서 경기를 보며 중계를 들을 수 있었고, TV 보급으로 다른 프로그램의 청취율이 감소함에도 불구하고 속보성을 이용한 스포츠 중계는 여전히 인기를 끌었다.

* 단파short wave : 전자기파 중 파장이 긴 전파 영역에 속하는 것으로 멀리까지 신호가 전달되는 특징이 있다.

Sports Broadcasts

Sports broadcasts began during the Japanese colonial period (1910-1945) and continued after independence. Correspondents were dispatched to the 1948 London Summer Olympics, and they reported the events through BBC's shortwave broadcast. Radio programs gradually lost listeners as more homes purchased TVs. But sports broadcast on the radio remained popular by providing real-time coverage. Another reason for its popularity was that as radios became smaller and portable, spectators could listen to the broadcast while watching the game in the stadium.

1978년도판 고교야구백과
1978 High School Baseball Almanac
1978 | 25.7×18.8 | KBO 전우벽 기증

고등학교 별 야구팀과 선수를 소개한 책자이다.
고교야구 3총사를 소개하고 있다.
황금팔의 투수는 광주일고의 이상윤,
신일고의 김정수, 부산고의 양상문이었다.

78년 高校야구   3총사

올해 고교 야구엔 초고교급의
투수가 3명이나 버티고 있다.
강속구의 李相潤(왼쪽·光州一
高)과 金貞洙(가운데·信一高)원

팔의 楊相汶(오른쪽·釜山高)은
올해 고교 야구를 대표하는 황
금의 팔들.

고교야구 전성시대

1982년 프로야구가 출범하기 이전은 고교야구의 전성시대였다.
서울에서 치러진 고교야구 대회만 해도 청룡기, 황금사자기, 대통령배, 봉황대기가 있으며,
경기의 대부분이 현재는 철거된 서울운동장(현 동대문디자인프라자)에서 열렸다.
1978년에는 서울 신일고와 서울고가 각각 황금사자기, 봉황대기에서 우승하였다.

━━━ 1978년 서울 개최 고교야구 대회 ━━━

대통령배(1967~)	청룡기(1946~)	황금사자기(1947~)	봉황대기(1971~)
개최일 5월 3일~9일	**개최일** 6월 8일~17일	**개최일** 7월 10일~16일	**개최일** 8월 1일~17일
우승팀 부산고	**우승팀** 부산고	**우승팀** 서울 신일고	**우승팀** 서울고
주최 중앙일보·동양방송 대한야구협회	**주최** 조선일보 대한야구협회	**주최** 동아일보·동아방송 대한야구협회	**주최** 한국일보, 일간스포츠사 한국 중·고등학교 야구연맹

1978년도 고교야구백과 내부

제32회 황금사자기쟁탈 전국지구별초청 고교야구쟁패전 팸플릿

The 32nd Golden Lion National High School
Baseball Championship Pamphlet

1978 | 26.1×18.7 | KBO 정기승 기증

황금사자기 고교야구대회는 1947년 창설되었다.
1978년 당시 동아방송과 동아일보가 주최하였으며,
본선에는 21개 팀이 진출하였다.
결승전에서는 서울 신일고와 서울고가 맞붙어
6대 0으로 신일고가 우승하였다.

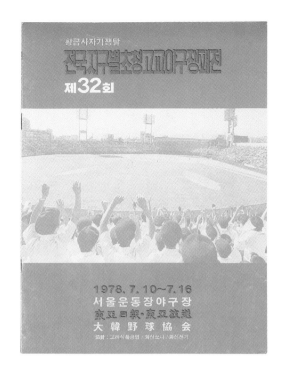

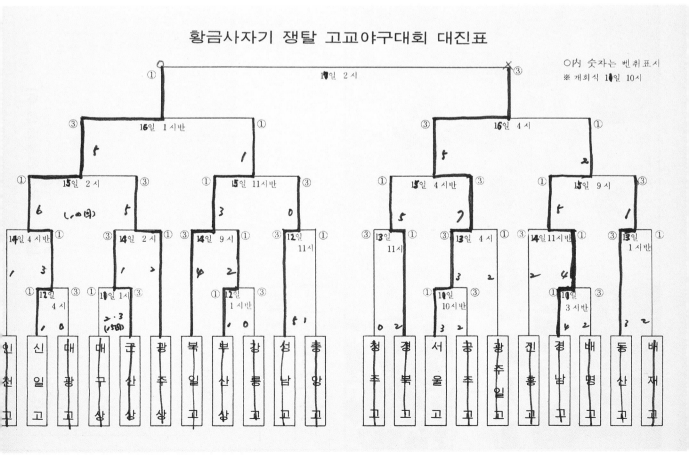

제8회 봉황대기쟁탈 전국고등학교야구대회 팸플릿
The 8th Phoenix National High School Baseball Championship Pamphlet
1978 | 24.8×24.2 | KBO 정기승 기증

봉황대기 전국고교야구대회는 1971년에 시작되었다.
1978년에는 서울고와 선린상고가 결승에 올라 5대 2로 서울고가 승리하였다.

제8회 봉황대기쟁탈 전국고교야구대회 기념 배지
The 8th Phoenix National High School
Baseball Championship Commemorative Badge
1978 | 1.9×1.9 | KBO 곽완길 기증

제8회 봉황대기 준결승 선린상고 사인볼
The 8th Phoenix National High School Baseball Championship,
Ball Signed by Second Place Sunlin Commercial High School Players
1978 | 7.5(지름) | KBO 윤석환 기증

1978년 봉황대기 준우승팀인 선린상고의 사인볼이다.
1978년 8월 17일 서울운동장에서 치러진 결승전에서
선린상고는 서울고에 2대 5로 패배하여 준우승에 그쳤다.

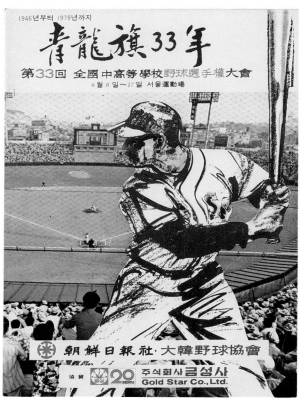

제12회 대통령배쟁탈 전국고교야구대회 팸플릿

The 12th Presidential National High School
Baseball Championship Pamphlet

1978 | 25.9×18.3 | KBO 정기승 기증

대통령배 전국고교야구대회는
1967년에 창설된 야구대회로 1978년 당시
중앙일보와 동양방송, 대한야구협회가 주최하였다.
결승전에서는 부산고와 대구상고가 맞붙어
2대 0으로 부산고가 우승하였다.

제33회 청룡기쟁탈 전국중고등학교야구 선수권대회 팸플릿

The 33rd Blue Dragon National Middle &
High School Baseball Championship Pamphlet

1978 | 26×18.5 | KBO 정기승 기증

청룡기 고교야구 선수권대회는 국내에서
가장 오래된 고교 야구대회이다.
1978년 결승전에 부산고와 경북고가 붙어
7대 0으로 대통령배에 이어 부산고가 우승하였다.

제28회 백호기쟁탈 전국야구대회 패넌트
The 28th White Tiger National High School Baseball Championship Pennant
1978 | 27×21 | KBO 민준기 기증

백호기는 1965년부터 개최된 성인 아마추어 야구대회이다.
1978년에는 박철순 투수가 이끈 공군팀이
연세대를 2대 0으로 격파하고 우승을 차지하였다.

교육방송

라디오는 교육의 역할도 수행하였다. 방송 초기 시민 계몽을 위한 교육방송은 광복 후 한국전쟁 중에 빛을 발했다. 학교와 선생님이 없는 학생들은 전차나 천막에 모여 라디오로 수업을 들었다.

1972년에는 방송통신대학교가 개교하였고, 2년 후에는 방송통신고등학교의 개교로 경제 여건이나 취업으로 교육 기회를 놓친 사람들에게 라디오를 통해 교육의 기회를 주었다.

라디오는 외국어 학습에도 활용되었다. 각 방송국은 아침시간에 영어강좌를 방송하였고, 한국전쟁 때부터 방송된 AFKN* 또한 영어학습에 활용되었다.

* AFKNAmerican Forces Korean Network : 주한 미군 네트워크는 한국전쟁 당시 서울 수복 이후 이동방송국으로 출발하였다.

Education Programs

Radio played a huge role in education. During the Korean War (1950-1953), students who lost their teachers and schools gathered in trains or tents to listen to their classes via radio. In 1972, the Korean National Open University opened, followed by the Air and Correspondence High School in 1974. These institutions provided educational opportunities to people who could not go to school due to economic hardship or work.

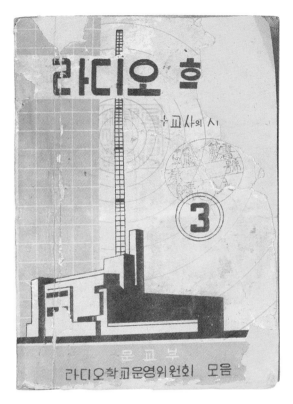

라디오 학교
Radio School Textbook

1953 | 18.3×12.7×1.3 | 안명진

한국전쟁 중 초·중등학생을 대상으로 운영된
'라디오 학교'의 교사 수업자료이다.
문교부는 중앙방송과 미국의 소리 방송을 통해
1951년 6월 18일부터 '라디오 학교'를 개설·운영하였다.

방송통신대학교 영어 교재
English Textbook, Korea National Open University

1974 | 20.7×14.8×1

서울대학교 부설 방송통신대학교의 영어 교재이다.
방송통신대는 1972년 2년제 초급 대학과정으로 개교하여
서울중앙방송KBS과 문화방송MBC을 통하여 라디오 강의를 실시하였다.
1982년 서울대학교 부설에서 독립하였으며,
1985년 TV강의가 시작되었다.

교육방송 라디오 프로그램 안내서
Educational Broadcasting Radio Program Guidebook

1981 | 25.6×18.7×0.7 | KBS

1981년 2월 2일에 시작된 교육방송의 프로그램 안내서이다.
교육방송은 한국방송공사KBS 제3 TV와 FM채널을 통해
방송되어 유아부터 초·중·고교의 학교 교육 보완과 성인 교육까지
다양한 프로그램이 방송되었다.

방송 일자	프로그램명 (관련pp.)	목 표 및 내 용	참 고 내 용
7.16 목	151)	- 첫 인사 - 하고 싶은 말 - 끝 인사	지 글을 소개하며 격식을 알 아보게 한다. • 편지 쓰기(청취 후)
7.23 목	1 학기를 마치며	○ 총정리	

4 학 년 사 회

본방 월요일 11 : 00 ~ 11 : 15
재방 화요일 13 : 45 ~ 14 : 00 (전 일)

방송 일자	프로그램명	목 표 및 내 용	참 고 사 항
3. 2 월	4 학년 1 학 기 사회과 학습의 주요 내용	○ 4 학년 1학기 사회과 학습의 주요내용을 개관한다. • 각자가 살고 있는 시도의 자연생활 모습 살피기 • 우리 나라를 남, 중, 북의 세 지방으로 나 누어 각 지방의 자연과 생활모습 살피기 • 우리 나라 전체의 자연환경 인구 및 문화 적 환경에 대하여 살피기	• 교과서의 "차례"난을 함께 보면서 교과서와 아동이 서 로 문답하면서 학습 내용을 개관하는 형식을 취한다. • 교사는 구체적 사례 몇 가지 를 설명해 준다.
3. 9 월	지도 읽는 법	○ 지도를 읽을 때 알아두어야 할 사항들을 이 해하고 실제 자기 고장의 지도를 읽을 수 있다. • 지도의 여러 가지 종류와 그 이용 • 지도의 여러 가지 기호와 그 쓰임 • 지도에서 높이, 깊이 나타내는 방법 • 우리 고장의 지도 읽기	• 한 고장의 지도를 중심으로 읽어 가면서 여러 가지 기호 및 축척 고저의 표시 방법을 발 견할 수 있도록 한다.
3.16 월	우리 시도 의 자연과 산업	○ 자기 고장이 있는 시, 도의 자연 환경과 산업 발달의 모습을 개관한다. • 우리 나라에서 우리 시, 도의 위치 • 우리 시, 도의 지형(산, 강, 평야,해안선 등) • 우리 시, 도의 자연 환경이 달라진 모습 • 우리 시, 도의 주요 산업 • 우리 시, 도의 각 고장에 따른 주요산업	• 방송 내용은 어떤 특정 시, 도의 모습을 설명하는 것을 피 고 일반적인 고장학습을 내용 및 방법을 시사해 주어 다음 일반 학습의 방향 내용 등을 선택 하는 자료가 되게한 다.
3.23 월	우리 시, 도의 도시 와 인구	○ 자기 고장이 있는 시, 도의 주요 도시의 구 실과 인구 수에 대하여 이해한다. • 우리 시, 도의 중심 도시와 그 구실 • 우리 시, 도에 있는 주요 도시의 위치, 이 름 특색 • 우리 시, 도 전체의 인구 수 • 우리 시, 도의 각 지역별 인구분포 • 우리 시, 도의 각 지역별 인구 수 및 밀도	• 사회과 부도의 인구 분포도 및 밀도 표시 지도를 보고 교 사의 지시에 따라 찾아 보게 된다. • 각 교실에는 자기 시, 도의 인구 분포도를 준비하여 자 기 시, 도의 중심으로 학습 한다.
3.30 월	남부 지방의 자연환경	○ 단원 2. "우리나라 각 지방의 생활 "에 대 하여 학습할 의욕을 갖게 하고 주요학습 내용을 파악한다. • 남부, 중부, 북부의 구분 • 남부 지방의 지형과 기후의 특색 • 남부 지방의 위치 • 남부 지방의 산맥과 높은 산, 재 • 남부 지방의 강과 평야 • 남부 지방의 기후 특색	• 단원 2의 교과서의 연구 문 제를 보고 학습 내용을 개관 시킨다. • 학생들은 남부 지방의 모형과 지도를 보면서 교사의 질문에 응답하는 형식으로 학습이 진 행되게 한다.

AFKN 청취법
How to Listen to AFKN (American Forces Korean Network)
1977 | 22.7×15.9 | KBS

시사영어학원에서 교재로 사용한 AFKN 청취법이다.
이 교재는 AFKN을 활용한 영어 학습방법을 안내하고 있다.

AFKN 방송 프로그램 가이드
Quarterly Programming Guide-AFKN Radio
1981 | 19.8×12.7 | KBS

AFKN의 방송편성 및 지역별 주파수를 안내하는 책자이다.

나의

카세트
라디오

금성 카세트 라디오 TCR-380B
Gold Star Radio Cassette Player TCR-380B
20세기 후반 | 10×31×21

황인용 아저씨, 이번 엽서의 주인공은 미아동 택시기사집 귀염둥이 바로 저! 영희에 대한 이야기예요. 저는 갓 고등학교에 진학한 꽃다운 나이의 여고생이에요. 저의 보물 1호는 음악을 녹음할 수 있는 카세트 라디오랍니다. 중학교 졸업 선물로 고등학교에서 공부 열심히 하라며 아버지께서 사주셨어요. 이 라디오로 고교 배정 중계방송을 들으면서 얼마나 가슴을 졸였는지 모른답니다. 요즘은 밤마다 황인용 아저씨가 진행하시는 '밤을 잊은 그대에게'를 듣는 것이 저의 큰 재미 중 하나이지요. 좋은 음악이 나올 때 마다 녹음을 하는데 시작과 끝을 맞추기가 여간 힘이 든게 아니랍니다. 오늘 밤은 꼭 성공하고야 말거예요! 지금은 항상 라디오로만 듣고 있지만, 혹시나 공개방송이 있으면 엄마한테 허락을 받아 가고 싶은 게 저의 작은 소망이에요. 아빠와 같이 라디오 공개방송에 갈 수 있게 된다면 그 후일담에 대해서도 엽서 할게요. 아빠는 황인용 아저씨를 정말 좋아하셔서, 만나고 싶어 하세요. 그리고 언제 야사나 눈앞에서 보는 것처럼 라디오도 생생하게 보고 듣는 세상이 왔으면 좋겠다고 하시네요. 진짜 그런 날이 올까요? 언제가 될지 모르지만, 기회가 된다면 또 엽서를 보낼게요.

그때까지 항상 건강하세요.

DJ 황인용의 사연소개

음악방송

초기의 음악방송에서는 국악이 주로 방송되었는데, 광복 후 서울중앙방송KBS에서는 전속 국악단을 만들어 국악을 소개하는 프로그램을 제작 방송하였다. 국악과 함께 대중가요 역시 전속 악단과 가수를 모집하여 운영하였는데, '신라의 달밤'의 현인과 '울고 넘는 박달재'의 박재홍 등이 대표적인 가수이다.

1960년대에 들어 DJ음악방송이 등장하였으며, TV가 보급되기 시작하면서 청취율이 낮아지자 심야에 라디오를 많이 듣는 젊은이를 대상으로 한 심야 음악방송이 등장하였다. 동아방송DBS '0시의 다이얼'부터 전화 또는 엽서로 대화와 음악 신청을 받아 틀어주는 방식이 자리 잡아 현재까지 이르고 있다.

1978년 당시 방송된 심야 음악방송으로는 '별이 빛나는 밤에MBC', '한밤의 음악편지MBC', '밤을 잊은 그대에게TBC', '밤의 플랫폼DBS', '0시의 다이얼DBS', '꿈과 음악사이CBS' 등이 있었다.

Music Shows

The first music programs mostly played traditional Korean music. Each station employed its own band and musicians for both traditional and contemporary music.

In 1960s, music shows with DJ's began. As TV became more popular, the radio stations created late night music shows for young people who turned to radio before sleep. *Dial at 0 Hour* on DBS first introduced the format in which music requested by the listeners by phone or postcards is played along with comments by the radio program's host. This format remains popular even today.

MBC '한밤의 음악편지' 사연집

MBC Radio Show
"Music Letter Tonight"
- Collection of Stories from Listeners

1969 | 17.5×12.4 | KBS

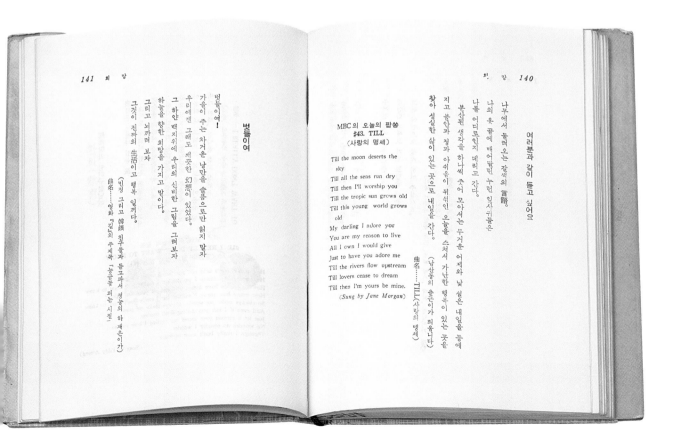

동양방송TBC '팝스다이얼' 홍보 리플릿
Promotional Leaflet for TBC Radio Show "Pops Dial"

1970년대 | 26.3×18.9 | KBS

'팝스다이얼'은 1970년대 말 동양방송TBC에서 시작되어
1980년 언론통폐합 이후에 KBS에서 계속 방송되었다.
김광한이 11년간 진행하여 '김광한의 팝스다이얼'로 잘 알려져 있다.

문화방송MBC '이종환의 밤의 디스크쇼' LP
MBC Radio Show "Night's Disc Show with Lee Jong-hwan" - LP Record
1983 | 31×31 | 안명진

이종환이 진행하던 '밤의 디스크쇼' LP이다.
'밤의 디스크쇼'는 MBC 개국과 함께 시작되어
박원웅, 이종환, 김현철, 신해철, 윤상 등이 진행을 맡았으며,
1999년에 폐지되었다.

문화방송MBC '별이 빛나는 밤에 – 꼭지 꼭지' 모음집
MBC Radio Show "*On a Starry Night*" - *Diary of Kkokji*
1980 | 20.6×12.5×1.9 | 개인소장

문화방송MBC '별이 빛나는 밤에'의 코너 '꼭지의 일기' 내용을 모은 책이다.
꼭지는 여중생으로 설정된 가상의 인물로 '꼭지의 일기'를 통하여
당시 청소년의 심정을 대변해 주었다.

"매일 밤 10시 30분경이 되면 어김없이 'Wednesday's child'라는 곳에 실려

당신들의 곁으로 찾아가는 '꼭지'라는 여학생···

···다만 중요한 사실은, 그녀는 매일 밤 당신이 외롭다고 느낄 때는

반드시 당신의 곁을 찾아갈 것이며,

당신의 어린 날을 보듯 촉촉한 봄비를 거느리고

당신의 가슴 속에서 환하게 웃고 있다는 것이다."

「꼭지의 일기」 퍼스낼리티
송도영, 전영록, 이수만

- 송「꼭지」를 모르는 애가 있다면 난 그앨 친구
  삼지 않을 거야.
  > 김 미 경 〈학생·전주 중노 1 가 476의 16〉

- 우리집 식구들 이름을 바뀌게 한 「꼭지」, 시샘이
  많은 난 네게 결투장을 띄운다.
  > 최 하 순 〈학생·서울 성동 중곡동 114의 14〉

- 「캔디」나 「앤」처럼 깜찍한 「꼭지」, 아르바이트
  하는 이 여대생에게 용기와 긍지를 주는구나.
  > 임 송 은 〈대학생·대전 선화 2 동 121의 2〉

- 우정어린 「꼭지」의 꿈과 사랑은 바로 우리 자신들
  의 참모습이다.
  > 한 성 애 〈학생·대구 신암 1 동 삼아 Apt. 가동 307호〉

- 23살난 국민학생이에요. 내 꼬마들이 「꼭지」처럼
  순수 발랄하게 자란 것을 믿어요.
  > 홍 현 숙 〈교사·전주 진북동 264의 25〉

- 「꼭지」 너처럼 말괄량이인 난, 너와 어울어 국제
  음모라도 꾸미고 싶구나.
  > 임 선 영 〈학생·서울 강서구 화곡동 산 18-41호〉

- 「귀신 잡는 해병」인 우리들을 잡아버린 「꼭지」야.
  > 김 상 렬 〈군인·해병 제3581부대 본부중대〉

- 지나간 소녀시절의 꿈을 일깨워 준 「꼭지」야.
  삼십이 채 안된 「어른 꼭지」이고 싶구나！
  > 김 진 숙 〈주부·경주 동천동 733의 387호 5 통 5 반〉

문화방송MBC '별이 빛나는 밤에 – 별밤에 우리끼리' 사연집
MBC Radio Show *"On a Starry Night"* - *Collection of Stories from Listeners*
1980 | 20.6×12.5×1.9 | 개인소장

문화방송MBC '별이 빛나는 밤에' 사연 모음집이다.
'별이 빛나는 밤에'는 1969년 편성된 프로그램으로
초기에는 청소년 교양진작을 위한 명사와의 대담 프로그램이었다.
책이 발간될 당시 진행자는 이수만이며,
패널로는 송도영, 전영록이 있었다.

"우리 나이가 갖고 있는 가장 아름다운 고민이 있다면 그건 무엇일까요.

사춘기, 다시 찾을 수 없는 그 빛깔과 목소리를 영원히 간직하기 위하여,

별이 빛나는 밤에 우리는 턱을 고고 사색에 잠기곤 한답니다."

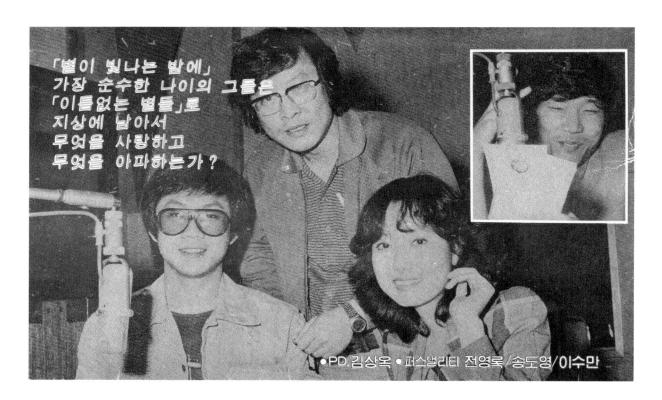

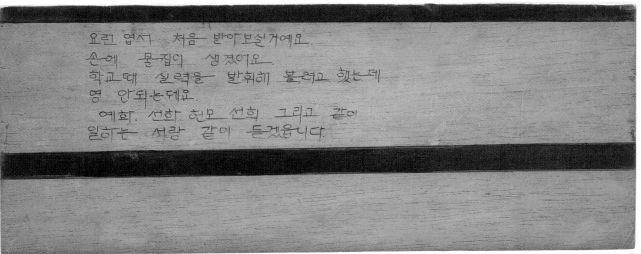

문화방송MBC '별이 빛나는 밤에' 목판 사연엽서
MBC Radio Show "On a Starry Night" - Postcards on Wooden Board
10.6×26 | KBS

사연엽서
Postcards from Listeners
1990년대 | 각 15×10 | 안명진

MBC FM4U가 1971년 9월 19일 개국하면서
낮12시부터 2시까지 방송된 음악전문 프로그램인
'정오의 희망곡'의 애청자의 사연과 신청곡이 담긴 예쁜 엽서가 있다.

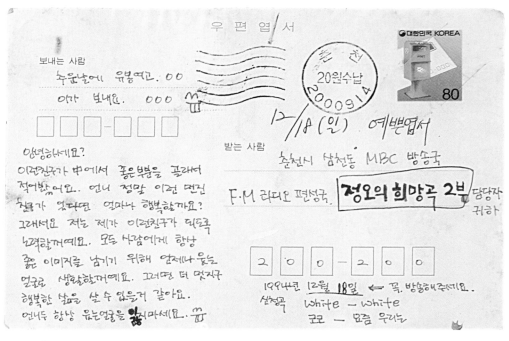

...light Serenade

신청곡 : without you.

이던가 ... 영원 좋아해,

라고 전해 주세요.

늦었지만 좋아한다고요.

안녕하세요 ?
오늘은 저의 작은
효선이의 생일이예요.
효선이 알게 되어 기뻐
다. 그리고

1/11(인) 예쁜 엽서

받는 사람

춘천시

표선성구

안녕하세요 ? 예전엔 정오의 희망곡에 엽서를 꽤 잘 보냈
었는데 요번에 굉장히 오랜만에 써서 보내네요.
듣고 싶은곡이 있었는데 매일 듣고 안나오길래 직접 신청해
꼭 들려 주세요.
신청곡 : 강현 의 나의 단골

－디.비.에스 송년특집－
73년 가요계 결산 (2) 10대 뉴스 (상)

여 금년도 가요계엔 얘기꺼리도 많았고, 또 사건도 많았던것
　　 같습니다. 73년도 가요계의 10대 뉴스를 하나 하나
　　 꼽아 가기로 해요.

남 좀 우울한 얘기가 되겠지만, 우선 불황의 가요계에 밀어
　　 닥친 피브이시 파동을 맨 먼저 들어야만 할것 같읍니다.

여 네, 일반적으로는 레코드 만드는 원료를 피브이시라고
　　 부르는데 더 정확한 이름은 피브이시.씨에이취 450 이지요.
　　 이 재료가 지난 10월 갑자기 귀해져서 전체 레코드계가
　　 한두어달 일을 쉬다시피했고 그 바람에 레코드값이 30%나
(음) 껑충 뛰어 올랐다는 소식입니다.

남 레코드 재료값을 올리려는 일부의 조작때문이란 얘기도
　　 들렸지만, 하여튼 전체 연예계에서는 가요팬들이 잘 모르는
　　 사이에 무대뒤에서 큰 소동이 계속된 셈이지요.

여 피브이시 파동은 뒤이어 에너지 쇼크와 연결이 꼭 아직도
　　 그런 상태라더군요― 한 예로 송창식 같은 가수는 일껏
　　 1년만에 신곡 취입을 끝내놓고도 아직 레코드가 안나와
　　 한탄만하고 다닌다지요?

남 자, 피브이시 파동 얘긴 그쯤하고 다음 뉴스로 넘어가지요.
　　 두번째 사건은 지난 7월에 일어났던 이수미사건인데,

여 (웃음) 그 얘긴 혼자 하세요.

남 그렇지 마시고―노래를 먼저 듣기로 하지요.

(음) 이수미―" 방울새 "

합

― 1 ―

1973년 동아방송DBS 송년특집 가요계결산 대본
Script for DBS Year-end Special Music Show (1973)
1973 | 26×20.3 | 안명진

동아방송DBS의 '연말송년특집 가요계결산' 프로그램을 진행하는
사회자의 시나리오 대본이다.

KBS FM 'POKO'

KBS FM Music Magazine "POKO"

1982 | 25.7×18.8 | KBS

한국방송공사KBS FM에서
음반매장에 무료로 배부하던 잡지이다.
팝송이 유행하자 각 방송국에서는 음반매장에
무료로 잡지를 배부하였다.
KBS 'POKO'와 함께 문화방송MBC에서 배부한
'POP PM 2:00'가 있었다.

Simon & Garfunkel의 뉴욕공연중에서 야간극장의 해프닝 노래

Wake up little susie

1981년 9월 19일,
뉴욕 센트럴 파크, 장관을 이룬 50만의 대관중안
에서 11년만의 재회 콘서트를 가진 「사이먼 앤 가펑클」
의 라이브 앨범이 국내, 외에서 발매되어 화제를 모
으고 있어 그 중에 수록된 재미있는 가사를 가진 노
래 "Wake up little Susie"를 소개 한다.
1950년대 후반 Everly Brothers의 노래로 대표적
인 인기를 끌어 록큰롤의 명곡이 된 "Wake up little
Susie"는 한쌍의 남녀가 야간상영 극장엘 갔다가 영
화가 너무 재미없어 잠이들어 이른날 새벽 4 시까지
자다가 깜짝놀라 멋쩍 집에 들어가서 집안 부모님들
께 야단맞을 걱정으로 고민하는 재미있는 내용이다.
통금이 없어진 우리들에게도, 앞으로 야간극장이 늘
어날것을 생각하면 흥미있는 노래일 것이다.

왠일이니? 빨리 일어나 애

```
ake up, little Susie, Wake up;
ake up, little Susie, Wake up;

'eve both been sound asleep,
e movie's over, it's four o'clock
nd we're in trouble deep;

ake up, little Susie
ake up little Susie

'ell, that are we gonna tell your Mama ?
'hat are we gonna tell your pa ?
hat are we gonna tell our friends
'hen they say "Ooh la la"
ake up, little Susie
ake up, little Susie

'ell, we told your mama that we'll
e in by ten;
'ell, Susie baby, looks like we
'oofed again
ake up little Susie,   "R"
'e gotta go home

ake up, little Susie, wake up; "R"
he movie wasn't so hot,

didn't have much of a plot;
e fell asleep, our goose is cooked,
ur reputation is shot;
ake up, little Susie "R"
```

애, 빨리 일어나 「수지」야,
우린 둘다 코를 골고 잔단말야.
빨리 일어나 「수지야」,
영화도 다 끝나고,
시간이 이렇게 됐으니
우린 어쩌면 좋으니 ?

「수지」야 빨리 일어나니 !
우리 이제 집에 가서
뭐라고 그러니 ?
아빠도 생각난이 나실텐데…
그리고 동네 친구들이
"엘렐레…누구는 누구하고…"
이렇게 놀리면 어쩌니 ?

야 큰일났어 「수지」야, 일어나.
우리가 열시까진
집에 간다고 얘기했잖니 ?
그런데 이렇게 늦었으니
우리가 뭇된 애물로 몰리면
이떡하니 ?
빨리 일어나서 집에 가자.

일어나 「수지」야 어서,
그만놈의 재미도 없는 영화보다가
잠 드는 바람에
우린 망신만 당하게 됐으니,
빨리 일어나 「수지」야 !
야 ! 미처 겠네 !……

POP All Chart

KBS-FM BEST 20
Billboard 1982. 6. 13

THIS WEEK	LAST WEEK	WKS ON CHART	TITLE—Artist
1	1		I LOVE R.n.R — Joan Jett
2	2		SEA OF HEARTBREAK — Poco
3	7		EBONY & IVORY — P.M. & S.W.
4	5		HEAT OF THE MOMENT — Asia
5	2		FREEZE FRAME — J. Geils Band
6	3		KEY LARGE — Bertie Higgins
7	5		REALITY — Richard Sanderson
8	6		FIND ANOTHER FOOL — Quarterflash
9	13		EMPTY GARDEN — Elton John
10	15		DID IT IN A MINUTE — Hall & Oats
11	11		SHANGHI BREEZE — John Denver
12	16		THE BEATLES MEDLEY — Beatles
13	12		HEY — Julio Iglesias
14	17		STARSON 45 III — Starson
15	19		BREAK IT UP — Foreigner
16	14		DON'T TALK STRANGERS — R. Springfield
17			I'VE NEVER BEEN TO ME — Charlene
18	20		A LITTLE PEACE — Nicole
19			867-5309/JENNY — Tommy Tutone
20			ANGEL IN BLUE — J. Geils Band

Billboard HOT 20
BILLBOARD 1982. 6. 12

THIS WEEK	LAST WEEK	WKS ON CHART	TITLE—Artist
1	1		EBONY & IVORY — Paul McCartney & Stevie Wonder
2	2		DON'T TALK TO STRANGERS — Rick Springfield
3	6		DON'T YOU WANT ME — The Human League
4	5		THE OTHER WOMAN — Ray Parker Jr.
5	7		ALWAYS ON MY MIND — Willie Nelson
6	8		HEAT OF THE MOMENT — Asia
7	10		ROSANNA — Toto
8	11		CRIMSON AND CLOVER — Joan Jett & The Blackhearts
9	4		867-5309/JENNY — Tommy Tutone
10	12		IT'S GONNA TAKE A MIRACLE — Deniece Williams
11	3		I'VE NEVER BEEN TO ME — Charlene
12	17		BODY LANGUAGE — Queen
13	16		MAKING LOVE — Roberta Flack
14	14		MAN ON YOUR MIND — Little River Band
15	18		LOVE'S BEEN A LITTLE BIT HARD ON ME — Juice Newton
16	19		LET IT WHIP — Dazz Band
17	20		HURTS SO GOOD — John Cougar
18	9		'65 LOVE AFFAIR — Paul Davis
19	13		EMPTY GARDEN — Elton John
20	24		CAUGHT UP IN YOU — .38 Special

Billboard ROCK ALBUM 20
BILLBOARD 1982. 6. 12

THIS WEEK	LAST WEEK	WKS ON CHART	TITLE—Artist
1	1	11	ASIA — Asia
2	3	11	SCORPIONS — Blackout
3	6	7	JOHN COUGAR — American
4	5	7	VAN HALEN — Diver Down
5	2	9	.38 SPECIAL — Special Forces
6	9	7	RAINBOW — Straight Between The Eyes
7	4	7	KANSAS — Vinyl Confessions
8	11	8	THE MOTELS — All Four One
9	7	5	TOTO — Toto IV
10	26	4	QUEEN — Hot Space
11	15	6	PAUL McCARTNEY — Tug Of War
12	25	2	HEART — Private Audition
13	10	12	HUMAN LEAGUE — Dare
14	12	12	ALDO NOVA — Aldo Nova
15	13	9	CHEAP TRICK — One On One
16		1	GLENN FREY — No Fun Aloud
17	16	9	FRANKE & THE KNOCKOUTS — Below The Belt
18	14	10	GREG KIHN — Kihntinued
19	26	35	GENISIS — Abacab
20		1	SURVIVOR — Eye Of The Tiger

Billboard DANCE/DISCO 20
BILLBOARD 1982. 6. 12

THIS WEEK	LAST WEEK	WKS ON CHART	TITLE—Artist
1	1	12	IN THE NAME OF LOVE — Thompson Twins
2	5	10	LET IT WHIP — Dazz Band
3	3	30	DON'T YOU WANT ME/OPEN YOUR HEART — Human
4	4	9	GIVE ME JUST A LITTLE MORE TIME — Angela
5	7	6	STORMY WEATHER — Viola Wills
6	2	10	FORGET ME NOTS — Patrice Rushen
7	13	5	THANKS TO YOU — Shawomen
8	8	10	LOVE PLUS ONE — Haircut One Hundred
9	14	26	KEEP ON/YOU'RE THE ONE FOR ME — D. Train
10	6	11	DON'T MAKE ME WAIT — Peech Boys
11	12	6	DON'T STOP YOUR LOVE — Booker T
12	15	6	STANDING ON THE TOP — The Temptations Featuring Rick James
13	13	6	LIVE IT UP — Time Bandits
14	10	15	I SPECIALIZE IN LOVE — Sharon Brown
15	31	5	PLANET ROCK — Soul Sonic Force
16	19	3	I RAN — A Flock Of Seagulls
17	9	13	MURPHY'S LAW — Cheri
18	18	6	STREET CORNER — Ashford and Simpson
19	23	6	I'LL DO MY BEST (FOR YOU BABY) — Ritchie Family
20	24	6	CAT PEOPLE (PUTTING OUT FIRE) — David Bowie

Billboard COUNTRY SINGLE 20
BILLBOARD 1982. 6. 12

THIS WEEK	LAST WEEK	WKS ON CHART	TITLE—Artist
1	2	12	FOR ALL THE WRONG REASONS — The Bellamy Brothers
2	5	10	I DON'T KNOW WHERE TO START — Eddie Rabbit
3	4	12	TEARS OF THE LONELY — Mickey Gilley
4	6	6	SLOW HAND — Conway Twitty
5	1	12	FINALLY — T.G. Sheppard
6	3	12	LISTEN TO THE RADIO — Don Williams
7	8	12	RING ON HER FINGER, TIME ON HER HANDS — Lee Greenwood
8	9	12	ANOTHER CHANCE — Tammy Wynette
9	11	12	JUST GIVE ME WHAT YOU THINK IS FAIR — Leon Everette
10	14	7	EVERYTIME YOU CROSS MY MIND — Razzy Bailey
11	7	4	ANY DAY NOW — Ronnie Milsap
12	15	6	I DON'T THINK SHE'S IN LOVE ANYMORE — Charley Pride
13	16	17	TIL YOU'RE GONE — Barbara Mandrall
14	20	9	WOULD YOU CATCH A FALLING STAR — John Anderson
15	21	8	LOVE'S FOUND YOU AND ME — Ed Bruce
16	17	31	TAKE ME DOWN — Alabama
17	19	11	FORTY AND FADIN' — Ray Price
18	24	6	ARE THE GOOD TIMES REALLY OVER — Merle Haggard
19	3	14	YOU'LL BE BACK — The Statler Brothers

2020,
나의
라디오

파이오니아 스테레오 CD 카세트 XR-A330
Pioneer Radio Cassette Player XR-A330
1998 | 30×26.5×30(본체), 19×21×30.5(스피커) | 최달용 기증

안녕하세요. 양희은, 서경석씨! 저는 결혼 30년 차로 남편과 대학생 딸과 함께 공릉동에 살고 있습니다. 저는 오랫동안 몸담았던 회사를 퇴직하고 동네에서 작은 서점을 운영하고 있어요. 서점에 손님이 많은 것은 아니지만, 작은 카페를 함께 하고 있어 여기저기 저의 손길이 가지 않은 곳이 없네요. 제가 어렸을 때부터 라디오를 좋아해서 저희 서점에는 항상 라디오 소리가 난답니다. 오늘 마침 '여성시대에서 17살 소녀의 사연이 나오더라고요. 어릴 적 라디오를 들으며 엽서에 이야기를 적었던 제 모습이 생각나 40여 년이 지난 지금 다시 사연을 쓰게 되었습니다. 그때와 달라진 게 있다면, 사연을 쓸 때 엽서와 볼펜으로 쓰지 않고 컴퓨터를 사용한다는 사실이에요. 최근 우리 남편은 역사에 관한 팟캐스트를 즐겨듣고 있지요. 남산3호터널에서 콧노래를 흥얼거리며 '명랑교차로'를 들으셨던 아빠가 참 생각이 많이 나네요. 대학생 딸은 유튜브 크리에이터가 꿈이라고 해요. 이번 생일에 비싼 카메라와 장비들을 사달라고 졸라서 여간 골치가 아픈 게 아니랍니다. 저희 가족에게도 많은 변화가 찾아왔지만, 40년 전 미아동의 택시기사집 17세 소녀, 그때의 저처럼 저는 여전히 라디오가 참 좋습니다.

DJ 양희은, 서경석의 사연소개

언론통폐합

1980년 신군부는 정치권력으로 언론을 통제하기 위해 '건전한 언론의 육성과 발전'이라는 명분으로 언론통폐합을 진행하였다. 보안사는 11월 12일 언론사 사주를 소집하여 통폐합 조치에 이의가 없다는 각서를 강제로 쓰게 하였다. 이로써 신문사 11개, 통신사 6개의 언론매체가 통폐합됐으며, 정기간행물 172종이 폐간되고, 언론인 1,000여명이 강제 해직당했다.

이와 함께 동양방송TBC과 동아방송DBS은 한국방송공사KBS에 흡수 통합되었으며, 문화방송MBC은 경향신문과 분리되고, 지방 제휴사 21개사의 주식 51%를 인수해 계열화하였다. 이후 이 주식은 한국방송공사KBS에 맡겨져 한국방송공사KBS은 문화방송MBC의 대주주가 되었다. 이로써 전국적으로 방송은 공영체제화 되었다. 기독교방송CBS은 보도가 금지되고, 보도요원은 한국방송공사KBS에 흡수되었다. 또한 광고가 금지되어 교회와 교인의 헌금으로 운영하게 되었다.

Forced Media Consolidation

In 1980, the new military regime forced media consolidation for complete control of the media. Eleven newspapers and six news agencies disappeared, along with 172 periodic publications. More than 1,000 journalists were forced to resign.

KBS absorbed TBC and DBS, while CBS could no longer report news. MBC gained control over its 21 affiliated companies across the country by becoming the majority stockholder with 51 percent. Later, these stocks were handed over to KBS, and KBS was now the majority stockholder of MBC. Thus, all broadcasting in Korea was in effect public broadcasting.

TBC '뉴스 전망대' 고별 방송 녹음테이프
Recording of Last Broadcast of TBC "News Observatory" (Cassette Tape)
1980년 11월 30일 | 6.3×10×1.2(테이프), 6.9×10.8×1.7(테이프곽) | 최준일 기증

TBC 아침 뉴스 코너인 '뉴스 전망대'의 고별 방송을 녹음한 테이프이다.
동양방송TBC는 1980년 11월 30일 방송을 마지막으로
언론통폐합에 따라 KBS에 흡수되었다.

1978년 이후 연표

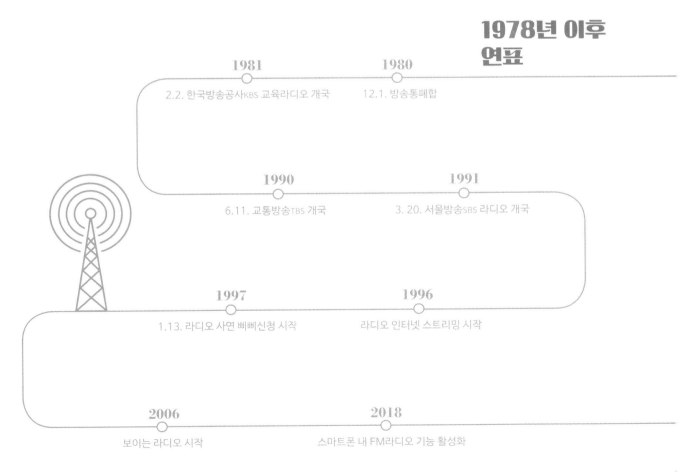

1981
2.2. 한국방송공사KBS 교육라디오 개국

1980
12.1. 방송통폐합

1990
6.11. 교통방송TBS 개국

1991
3. 20. 서울방송SBS 라디오 개국

1997
1.13. 라디오 사연 삐삐신청 시작

1996
라디오 인터넷 스트리밍 시작

2006
보이는 라디오 시작

2018
스마트폰 내 FM라디오 기능 활성화

1978년부터 현재의 라디오 수신기

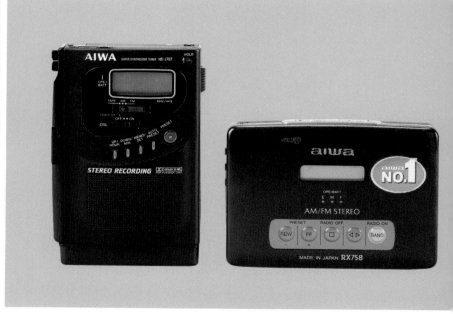

1	2		6
3	5	7	8
4			

1. 소니 카세트 라디오 WM-FX101 | 1990년대
2. 소니 카세트 라디오 WA-3000 | 1980년대
3. 파나소닉 카드식 AM라디오 R-H101 | 1989
4. 파나소닉 카드식 AM라디오 ICR-504 | 1980~90년대

5. (좌)아이와 카세트 라디오 HS-J707 | 1992
   (우)아이와 카세트 라디오 RX758 | 1996
6. 금성 컬러TV 라디오 CN-0631 | 1989
7. 소니 카세트 라디오 CFM-155 | 1980
8. 금성 카세트 라디오 TCR-365 | 1990년대

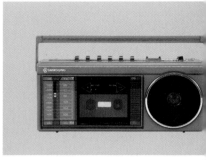

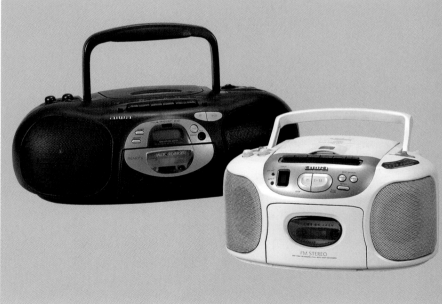

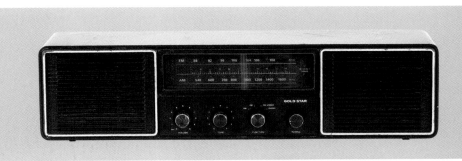

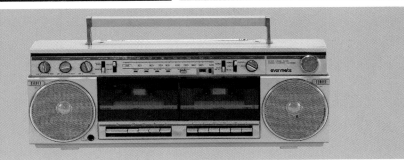

1		2	6
		3	7
4	5	8	9

1. 금성 카세트 라디오 TM-110 | 1991
2. 삼성 카세트 라디오 RC-Q9 | 1990년대
3. LG 땅콩라디오 TM-101 | 2004
4. 삼성 윙고 오디오 S-2300 | 2000
5. (좌)아이와 스테레오 라디오 CSD-ES310 | 1998
   (우)아이와 스테레오 라디오 CSD-EX111 | 1980~90년대

6. 금성 스테레오 라디오 RS-1900 | 1987
7. 대우 더블데크 스테레오 라디오 RCS-822W | 1980~90년대
8. 금성 스테레오 라디오 TSR-711 | 1980~90년대
9. 삼성 더블데크 스테레오 라디오 PD-49 | 1980년대

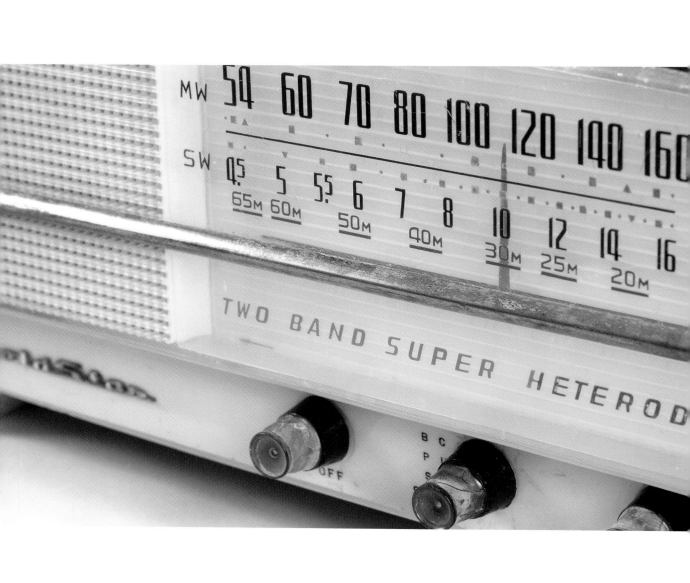

TV가 등장했을 때도
라디오는 위기였고,
인터넷이 나왔을 때도
라디오는 위기였다.

계속되는 위기 속 라디오가
건재한 것은
소소한 일상을 파고드는
힘 때문이다.

논고

1978년 서울의 라디오방송

한 진 만 강원대학교 신문방송학과 명예교수

1978년 서울의 라디오방송

한 진 만 강원대학교 신문방송학과 명예교수

1. 개요

1978년 서울에는 비교적 많은 라디오 방송국이 있었다. KBS 1라디오, KBS 2라디오, CBS 기독교방송, MBC 라디오, TBC 라디오, DBS 라디오, 동양FM방송, MBC FM, AFKN 라디오방송 등이 당시에 왕성하게 활동했던 방송국들이다. 이러한 방송국들 중 AFKN 라디오방송은 우리 정부의 채널 환수로 1996년까지 운영되었다. TBC 라디오와 DBS 라디오 그리고 동양FM방송은 1980년 방송사 통폐합 때 사라진 방송국들이다.[1]

이 글에서는 각 라디오 방송국들의 특성을 개국 이후부터 1970년대 말까지 살펴보기로 한다. 전체적으로 한국 라디오방송의 흐름을 볼 때 1960년대는 라디오의 전성기에 해당한다. 기존의 KBS를 비롯하여 MBC, DBS 등 소위 상업 라디오방송국들이 개국하면서 편성의 내용은 서로 비슷한 경향을 보이게 되었다. 물론 KBS 제1라디오는 국영방송이라는 성격 때문에 다소 교양적인 프로그램이 많았으나 대체로 오락 프로그램에 비중을 많이 두었다. 특히 저녁 황금시간대에 집중적으로 연속극과 공개방송 프로그램을 편성한 것은, 정도의 차이는 있으나 4개 방송국이 모두 비슷했다. 특히 KBS가 국영이면서도 상업방송과 스스로 차별화를 도모하지 못한 점은 주목할 만하다.[2]

1970년대는 텔레비전 방송국들이 자리를 잡아가고 텔레비전 수상기 100만대 보급의 시대가 되면서 라디오는 위기를 맞게 된다. 이러한 위기 속에서 라디오는 나름대로 편성의 특성화를 통해 청취자들을 확보하며 제2의 황금기를 맞기 위한 노력을 경주한다.

2. 서울의 라디오방송

1) KBS 라디오

KBS 라디오는 우리나라에서 가장 오래된 방송국이다. 그런데 우리나라 라디오방송의 역사를 올바로 이해하기 위해서는 1927년 일제강점기시대에 개국한 경성방송국

1
한진만, 『사라진 방송국』, 커뮤니케이션북스, 2013 참조

2
한국방송협회, 『한국방송 70년사』, 1997, p. 367

(JODK)에 대해서 알아 둘 필요가 있다. 경성방송국의 설립에 대해서는 여러 가지설이 존재하는 데 가장 설득력이 있는 것은 식민통치를 효율적으로 하기 위해서라는 것이다. 1924년 도쿄방송국(JOAK)을 필두로 오사카(JOBK), 나고야(JOCK)에 이어 경성방송국은 네 번째인 JODK라는 호출부호를 할당받았다. 이는 일본이 내선일체의 식민정책을 위해 만든 것이다. 이러한 이유 때문에 경성방송국의 개국을 우리나라 방송의 기원으로 삼아야 하는지에 대해서는 이견이 분분하다. 오히려 1948년 정부수립이나 1947년 9월 3일 국제무선통신회의에서 한국에 무선통신부호 HL을 할당한 날을 우리 방송의 기원으로 삼아야 한다고 주장하기도 한다.

1948년 8월 15일 대한민국 정부수립을 계기로 한국의 방송은 비로소 완전히 독립된 방송을 할 수 있게 되었다. 그러나 그와 동시에 조선방송협회의 후신인 대한방송협회가 정부 산하로 흡수되고, 방송사업을 정부가 국유화함에 따라 방송국도 대한민국 공보처가 관장하는 기구가 되었다. 그러므로 KBS의 국영방송으로의 시발점은 이 때였다고 할 수 있다.[3]

1961년에는 제2방송이 만들어졌다. 그 해 7월 1일 서울중앙방송국 제2방송과課가 서울국제방송국으로 승격 발족하면서, 600kHz HLCA가 대북 및 해외방송 전용채널이 됨에 따라 그곳에 공존하던 어학 강좌나 교양 프로그램들이 갈 곳이 없어졌으므로 또 다른 국내용 채널은 필수적이었다. 그래서 서울국제방송국 발족 한 달 만에 서울중앙방송국에서 제2방송을 출발시킨다. 초기의 제2방송 HLSA는 연희송신소를 통해 10kW 660kHz에서 나갔기 때문에 가청지역이 서울 · 경기 일원이었으므로 자연스럽게 전국 대상의 제1방송을 보완하는 수도권역 도시민 대상의 패널로 출발했다.[4]

KBS 라디오는 1973년 일대 전환기를 맞는다. 소위 한국방송공사법의 제정으로 국영에서 공사로 변모하게 된 것이다. KBS는 1973년 4월 한국방송공사 발족 이후 첫 번째 개편 작업을 실시했는데, 특히 라디오의 특성을 살려 보도와 생활정보 프로그램 강화, 현장 구성 및 다큐멘터리 프로그램의 강화, 음악 프로그램의 다양화 그리고 청취자 참여도의 제고라는 내용의 것이었다. 특히 정부시책에 순응하여 해를 거듭할수록 교양 프로그램의 확대 강화 편성방침은 1970년대말까지 계속 추진되었다.[5]

2) 기독교방송 CBS

1954년 12월 15일 설립된 기독교방송CBS은 방송의 소유 구조 측면에서 볼 때 획기적인 사건이었다. 즉 종래의 국가 독점적 소유 구조가 아닌 민간단체에 의한 소유라는 점에서 기독교방송의 출현은 방송의 소유 구조 변화에서 중요한 분기점이 되었다고 볼 수 있다. 설립목적은 기독교적 교양을 육성하고 아울러 그리스도의 복음을 널리 선교하며, 도의심을 향상시키는데 있었다. 초창기 CBS의 재원은 미국 뉴욕에 있는 RAVEMCO(방송매체를 통한 전도와 선교를 담당하는 미국의 매스커뮤니케이션위원회)에 의존했다.[6]

기독교방송은 선교 활동 외에도 보도 · 오락물 등 종합편성을 실시함으로써 다른 방송에 자극을 주었다.[7] 개국 초기 CBS의 연예 · 오락 프로그램은 종교 및 교양과

3
한국방송협회, 『한국방송 70년사』, 1997, p. 179

4
위의 책, p. 342

5
위의 책, pp. 537~538

6
방송문화진흥회 엮음, 『방송문화사전』, 한울아카데미, 1997, p. 53

7
김원용 · 김광옥 · 노영서, 「한국방송편성론」, 『한국방송총람』, 나남출판, 1991, p. 544

보도 · 음악 프로그램에 비해 비중이 훨씬 낮았다. 그러나 CBS도 KBS와 마찬가지로 방송극, 특히 연속방송극이 어느새 큰 비중을 차지하였다. 그 외에도 CBS가 비중을 높이 둔 부문은 음악 프로그램이었다. "클래식과 세미클래식을 중점적으로 편성해 음악방송국으로서의 전통을 수립한다."는 기본 지침을 세우고 개국 당시부터 음악 방송에 역점을 두어, 그때까지 KBS에서는 듣기 어려웠던 교향악이나 협주곡, 실내악, 기악 독주, 오페라, 합창, 독창, 성가 등 세계의 명곡을 방송하는 전통을 세워나 갔다.[8]

CBS는 상업주의를 지양하고 국민생활에 건전한 오락을 제공하여 밝고 명랑한 사회 기풍을 조성하도록 대중의 윤리면에 각별한 배려를 하였다. 한편 개국초부터 "뉴스는 불편부당, 시시비비주의를 견지하며 정확성과 이상을 향해서 노력한다."는 방침을 가지고 있었다.[9]

그리고 1961년부터 당국의 허가를 받아 방송 시간의 30% 범위 안에서 이윤을 목적 으로 하지 않는 전제하에 광고 방송을 시작했다.[10]

3) 문화방송 MBC

1961년 12월 2일 대한민국의 수도 서울에서 MBC 문화방송이 개국하였다. 서울에서 최초의 민간상업방송으로 출발한 문화방송은 창사 이듬해인 1962년 7월, 경영구 조에 큰 변화를 맞게 된다. 일찍이 부산에서 신문과 방송을 경영하다가 서울에 진출 하는데 성공한 김지태는 군사쿠테타 핵심세력을 중심으로 한 재단법인 5 · 16장학 회에 모든 경영권을 내줘야 했다.[11]

문화방송은 개국하면서 방송사업의 기본 지침이 될 「방송 헌장」을 내세웠다. 주요 내용은 ①민주주의 제 원칙하에 사회정의 확립과 질서 유지에 전력하고, ②불편부 당의 공정성을 지키고 진실을 전파해 자율을 확보함으로써 표현의 자유를 유지하며, ③명랑하고 건전한 방송을 통해 국민 생활에 실익과 교양 · 오락을 제공한다는 것 등이었다.[12]

또한 문화방송은 서민적이고 개방적이며 자유스러운 대중성을 부각한다는 편성 전략을 세우고, 국영 KBS 라디오의 전통적인 편성과 차별화를 꾀했다. 특히 생동감 넘치는 편집으로 관심을 모은 MBC의 뉴스 프로그램은 하루 8회(오전 7시, 8시, 11시, 정오, 오후 1시, 7시, 9시, 10시) 정규 뉴스로 방송되었다. 연속극은 평일에 방송하는 연속방송극(월~금)과 주말연속극(토~일)으로 차별화했다.[13]

문화방송은 본격적인 민영방송 시대를 열어나갈 주역으로서의 사명감을 가지고 전통적인 편성의 틀을 벗어나기 위해 새로운 변화를 추구했다. 문화방송은 KBS와 같은 종합편성의 형식을 취하긴 했으나, 방송이 지녀야 할 공공성과 광고 매체로 서의 역할을 소홀히 할 수 없는 상업방송으로서의 품격을 조화시키는 데 역점을 두는 편성 형식상의 특징을 보였다. 또 내용에서는 KBS보다는 더 대중에 파고드는 자유스러운 개방성과 대중성을 크게 부각시켰다. 이와 같은 문화방송의 편성전략은 경직된 국영방송의 고정적인 틀에 비해 파격적인 것으로 받아들여졌고, 방송의 대중 성을 새롭게 인식하는 전기가 되었다.[14]

8
한국방송협회, 『한국방송 70년사』, 1997, p. 290

9
방송문화진흥회 엮음, 『방송문화사전』, 한울아카데미, 1997, p. 53

10
한진만, 『한국방송의 이해』, 한울아카데미, 2018, p. 168

11
한국방송협회, 『한국방송 70년사』, 1997, p. 360

12
위의 책, p. 369

13
문화방송, 『문화방송 30년사』, 1992, pp. 267~268

14
위의 책, pp. 270~271

4) 동아방송 DBS

동아방송은 1963년 4월 25일 동아일보의 창간이념에 따라 창설된 동아일보 산하의 민간상업방송국으로 개국하였다. 동아방송은 비록 상업방송이기는 하지만 동아일보의 창간이념에 맞추어 민주주의를 지지하고 문화주의를 제창하는 민족의 표현기관으로서 구실을 다한다는 사명감에 따라 편성의 기본방향을 설정하였다.[15]

동아방송은 우리나라 처음으로 일간 신문사가 방송을 겸영하게 됨으로써 라디오 방송과 신문과의 상호 약점을 서로 보완해가면서 양 매체간의 상승효과를 얻어 보자는 첫 번째 사례였다. 따라서 개국 이래 방송국의 행사나 프로그램의 편성 방향, 보도 방향 등에서 동아일보와 혼연일체가 되려고 노력했다. 상업방송이긴 했지만 순수한 영리 목적의 방송국만은 아니었다.[16]

동아방송은 동아일보의 창간 이념에 따라 ① 건전, 공평, 명랑을 지향하며 방송의 품격을 높인다. ② 알기 쉽고 올바른 말의 보급과 순화에 힘쓴다. ③ 자유와 정의 편에 서서 어떠한 독재에도 반대한다는 방송 목표를 가졌다. 편성의 기본방침은 '품격 높은 민족주의 방송'을 지향하여 보다 대중을 가까이 하고 방송문화 발전에 기여할 수 있는 편성에 치중한다는 것이었다.[17]

또한 동아방송은 새로운 소식을 빠르고 정확하게 전달함으로써 공익에 봉사한다는 목적으로 구상되고 편성되었다. 이 같은 편성지침에 따라 뉴스와 음악이 방송내용의 주류를 형성하게 되었으며, 서울을 중심으로 한 주변의 중소도시의 시민과 준도시인을 주요 청취층으로 잡고 수도권의 지역사회개발에도 역점을 둬 편성에 반영했다.[18]

동아방송은 몇 가지 새로운 시도로 방송의 새 장을 열고자 했다. 그 첫째가 거리에 스튜디오를 개설하여 일반 청취자와 간격을 좁혀 보자는 의도였다. 1964년 9월 19일 미도파백화점 1층에 DBS 미도파 스튜디오를 만들어, 여기서 〈음악의 산책〉, 〈경음악의 벤치〉, 〈행운의 리퀘스트〉, 〈5시의 데이트〉 같은 방송을 하면서 시민과 함께 하는 방송으로 친근감을 가지게 했다. 동아방송은 대북 방송도 실시한 일이 있다. 1966년 1월 25일 새벽 1시 30분부터 30분 동안 〈서울의 애인〉이란 프로그램으로 대북 방송을 시작했다. 이것은 민간방송으로서는 처음 있는 일이었다. 그 후 남북 조절위원회 합의에 따라 1972년 11월 10일부터 중단했다.[19]

동아방송은 특히 군사독재정권에 맞서 비판자와 감시자로서의 역할에 충실하고자 했다. 그런 결과 정권과 사사건건 마찰을 빚게 됨과 동시에 정권으로부터 엄청난 탄압을 겪었다. 방송인 구속이 있었던 〈앵무새사건〉, 편집국 간부들의 수사기관에 연행에 따른 기자들에 의한 〈자유언론실천선언〉, 정부의 탄압에 의한 〈동아방송 광고해약사태〉 등 수많은 사건이 있었다.[20]

5) 라디오 서울 RSB (후의 TBC)

1962년 12월 31일자로 정부는 김규환이라는 개인 명의의 무선국 설치 가허가를 내렸다. 1963년 6월 25일에 '라디오 서울방송주식회사'라는 이름의 회사설립 등기를 했다. 이 당시는 정부에서 외화사용을 극력 억제하던 시기여서 '라디오 서울'은 송신기 등 주요 기계도입에 필요한 외화배정을 못 받아 인천에 있는 한국 복음주의 방송에서 쓰던 노후된 송신기를 매입, 이를 보수하여 사용해야 하는 어려움을 겪었다.[21]

15
동아일보사, 『동아방송사』, 1990, p. 90

16
방송문화진흥회, 『방송대사전』, 1990, 참조.

17
방송문화진흥회 엮음, 『방송문화사전』, 한울아카데미, 1997, pp. 94~95

18
동아일보사, 『동아방송사』, 1990, p. 91

19
노정팔, 『한국방송과 50년』, 1995, 나남출판 참조.

20
한진만, 『방송사건』, 커뮤니케이션북스, 2013 참조

21
한국방송협회, 『한국방송 70년사』, 1997, p. 364

비록 노후된 장비였지만 '라디오 서울'의 허가출력이 10kW인데 20kW짜리 기계를 인수한 것은 후에(1964년 2월 6일) 출력을 20kW로 증강하게 되는 직접적인 계기가 되었다. 따라서 '라디오 서울'의 가청지역은 서울 및 경기도 일원과 충청남북 및 강원도 일부지역으로 잡게 되었다.[22]

이 방송국 설립은 삼성그룹 이병철 회장의 주도하에 이루어진 것이다. 다른 방송에 비해 후발주자로 개국한 동양방송은 주파수 할당과 명칭을 사용하는데 적지 않은 어려움을 겪었다. RSB의 무선국 설치 정식 허가증은 방송 개시 예정시각 30분 전까지도 나오지 않았다. RSB의 주파수는 1,380kHz인데 DBS의 1,230kHz가 인접해 있는데다가 양쪽 송신소 안테나간 거리도 600m밖에 안되어서 체신부에 "개국 후 혼신이 일어날 경우 즉각 송신탑을 이전한다."라는 각서를 제출하고 개국 첫 방송을 할 수 있었다.[23]

그런데 정규방송을 시작한 지 얼마 안 되어 이번에는 같은 주파수를 사용하고 있는 일본 오사카방송(OBC)에서 혼신을 항의해 왔다. 국제 관례상 같은 주파수의 방송국 사이에 혼신이 생길 경우 뒤에 개국한 방송국의 주파수를 변경해야 하므로 RSB는 개국한지 두 달도 안 되는 7월 1일을 기해 전파관리국으로부터 받은 주파수 640kHz로 바꿔야 했다.[24]

'RSB 라디오 서울'은 기존 방송들이 안정세를 구축한 경쟁판도 속으로 뛰어들어야 했으므로, 기존 방송들이 미처 생각하지 못한 분야를 개척해서 새로운 청취층을 확보하려는 편성전략을 강구하였다. 그때까지도 일반적이었던 종합편성의 관념에서 과감하게 벗어나 방송의 면모를 일신하려는 중점편성의 원칙을 세우고 아울러 새로운 제작기법의 개발에 박차를 가했다.[25]

라디오 서울은 개국이념의 구현과 다채로운 프로그램 개발에 힘썼던 개국 초에는 의욕적이며 과감한 방송편성으로 선명한 이미지 부각에 주력했다. 중점 편성 방침을 채택하고 국내 최초의 심야방송으로 〈밤을 잊은 그대에게〉를 기획하며, 처음 등장한 '새나라'택시를 겨냥한 대상방송으로 〈가로수를 누비며〉를 등장시켰다. 직장인을 대상으로 한 〈직업인의 휴게실〉과 노인층을 대상으로 한 〈장수무대〉가 편성되었다.[26]

1970년대 중반 이후 동양TBC 라디오는 TV시대 속에서 살아남기 위한 시도의 하나로 지역사회와 청취자에게 밀착하려고 하였다. 특히 '행동하는 라디오' '생활 속의 라디오'라는 캐치프레이즈를 걸었던 70년대 후반의 라디오 프로그램은 대폭적인 개편보다 기반을 더욱 다져가는 작업에 충실했다.[27]

6) 동양 FM (서울 FM방송 인수)

우리나라에서는 1964년 주한미군방송인 AFKN에서 최초로 FM 방송을 시작했고, 다음 해에 서울 FM방송이라는 민간 방송사에서 서울 일원을 대상으로 FM 방송을 시작했으나 당시만해도 한국에는 FM 수신기가 많이 보급되지 않은 형편이었는데다가 경영난에 빠져 다음 해에 동양방송에 흡수, 통합되었다.

서울 FM 개국 당시에는 하루 12시간(일요일은 15시간) 방송했는데, 그 내용은 클래식 음악 45%, 경음악 30%, 교양 15%, 교육 7%, 보도 3%의 비율이었다. FM 방송의 장점을 살리기 위해 음악 프로그램에 비중을 뒀지만 레코드 음반이 부족하여 〈거리의

22
(주)중앙일보사, 『중앙일보 20년사』, 1985, p. 702

23
한국방송협회, 『한국방송 70년사』, 1997, p. 365

24
위의 책, p. 365

25
(주)중앙일보사, 『중앙일보 20년사』, 1985, p. 717

26
(주)중앙일보 · 동양방송, 『중앙일보 · 동양방송10년사』, 1975, p. 176

27
(주)중앙일보사, 『중앙일보 20년사』, 1985, p. 726

음악실〉이라는 프로그램을 마련, 시내의 주요 음악감상실(르네상스, 세시봉, 뉴월드 등)을 순회하며 공개음악 감상회를 중계하기도 했고, 각국 대사관에서 그 나라 고유 음악의 레코드를 협조받기도 했다. 특히 주한미국 공보원(USIS)으로부터 〈미국 음악의 발자취〉라는 프로그램 자료와 제작비의 지원을 받았다. 보도는 동화통신과 계약하여 뉴스를 공급받았고, 이와 별도로 신아일보 뉴스와 해설이 하루 두 번 나갔다.[28]

동양 FM방송은 서울 FM방송을 인수하여 1966년 8월 15일 개국하였다. 호출부호 HLCD, 주파수 89.1MHz, 하루 방송시간은 상오 6시부터 자정까지 18시간이었다. 동양 FM의 프로그램 편성은 ① 개국 이후 1973년 초까지 클래식 음악 위주의 편성과 ② 1973~76년 초까지 대중음악 증가 ③ 1976~80년 11월 종방까지의 대중 음악 위주의 편성으로 흐름을 3분해 볼 수 있다.[29]

동양 FM방송의 편성과 제작은 팝송위주의 DJ프로그램 형식이 주종을 이루었는데, 이는 TV시대의 라디오 프로그램 제작의 활로로 각광받은 생방송, 와이드화, 퍼스 낼러티의 3요소를 잘 활용한 것이었다.[30]

7) MBC FM

1971년 9월 19일에는 서울에서 두 번째 FM방송이 태어났다. 그것은 MBC FM으로 하루 11시간 방송하다가 2달 후부터 18시간 방송하면서 TBC FM과 함께 서울에서 경쟁하게 되었다.

MBC FM의 편성 기본방침은 음악방송을 기본으로 하되 스포츠 중계 및 생활정보 방송에도 비중을 두고, 방송의 품위 유지와 음질관리에 전력 투구하는데 있었다.[31]

8) 주한미군방송(American Forces Korean Network: AFKN)

AFKN은 한국 전선에서 싸우는 미군 및 유엔군 장병에게 심리전의 일환으로 활용 되면서 전쟁과 관련된 소식의 제공 및 오락 프로그램을 통한 심리적 안정과 용기를 갖게 함으로써 사기 저하를 막으려는 목적으로 설립되었다. AFKN의 운영 목적은 크게 네 가지로 요약할 수 있다. 첫째는 적의 공습이나 지상 공격 또는 자연적인 재해災害와 비상사태 등 급박한 위기에 처했을 때의 행동요령을 전 UN군에게 경고해 주는 임무였다. 둘째는 사령부와 병사들간의 가장 빠른 정보를 전달해주는 임무이 었다. 셋째는 UN군에게 군사 소식 및 교육적인 요소를 제공하는 임무이며, 마지막 으로 네 번째는 주한미군들에게 오락과 함께 피로 회복을 위해 봉사한다는 임무 였다.[32]

AFKN의 라디오 방송은 한국 전쟁 중 미군 제24사단의 예하부대로 편입되어 전선을 따라 이동하며 방송을 운영하였다. 1953년 7월, 휴전 협정이 조인됨에 따라 주한미 군의 주둔지 또한 고정되기 시작하면서 AFKN 라디오의 키 스테이션도 비로소 정식 스튜디오를 가지고 고정방송국으로서의 기능을 본격화하기 시작하였다. 이듬해인 1954년 AFKN은 서울 용산에 자리한 미 제8군 영내에 키 스테이션을 설치하는 한편, 경기도 오산기지에 네트워크를 설치하면서 전송 가능 지역을 점차 확대하기 시작 하면서 1957년까지 만 3년 동안 지속적으로 방송망 확장에 힘을 기울였다.[33]

28
한국방송협회, 『한국방송 70년사』, 1997, p. 425

29
(주)중앙일보사, 『중앙일보 20년사』, 1985, p. 765

30
위의 책, 1985, p. 766

31
문화방송, 『문화방송 30년사』, 1992, p. 326

32
방송문화진흥회, 『방송대사전』, 1990, p. 1135

33
한국방송공사, 『한국방송 60년사』, 1987. p. 260

The Radio Our Family Listened To - 1978

1978, 우리 가족의 라디오

발행인

송인호 서울역사박물관장

발행일

2020년 6월

발행처

서울생활사박물관

01849 서울특별시 노원구 동일로 174길 27

T 02 3399 2900

https://museum.seoul.go.kr/sulm/index.do

행정간행물 등록번호   51-6110569-000285-01

ISBN   979-11-90480-16-1(03380)

값 14,000원

03380

9 791190 480161

ISBN 979-11-90480-16-1